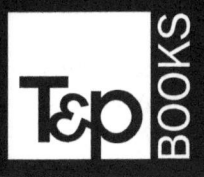

CHINÊS
VOCABULÁRIO

PALAVRAS MAIS ÚTEIS

PORTUGUÊS
CHINÊS

Para alargar o seu léxico e apurar
as suas competências linguísticas

5000 palavras

Vocabulário Português-Chinês - 5000 palavras
Por Andrey Taranov

Os vocabulários da T&P Books destinam-se a ajudar a aprender, a memorizar, e a rever palavras estrangeiras. O dicionário é dividido em temas, cobrindo todas as principais esferas de atividades quotidianas, negócios, ciência, cultura, etc.

O processo de aprendizagem, utilizando os dicionários baseados em temáticas da T&P Books dá-lhe as seguintes vantagens:

- Informação de origem corretamente agrupada predetermina o sucesso em fases subsequentes da memorização de palavras
- Disponibilização de palavras derivadas da mesma raiz, o que permite a memorização de unidades de texto (em vez de palavras separadas)
- Pequenas unidades de palavras facilitam o processo de estabelecimento de vínculos associativos necessários para a consolidação do vocabulário
- O nível de conhecimento da língua pode ser estimado pelo número de palavras aprendidas

Copyright © 2019 T&P Books Publishing

Todos os direitos reservados. Nenhuma parte desta publicação pode ser reproduzida, total ou parcialmente, por quaisquer métodos ou processos, sejam eles eletrónicos, mecânicos, de fotocópia ou outros, sem a autorização escrita do editor. Esta publicação não pode ser divulgada, copiada ou distribuída em nenhum formato.

T&P Books Publishing
www.tpbooks.com

ISBN: 978-1-78400-922-9

Este livro também está disponível em formato E-book.
Por favor visite www.tpbooks.com ou as principais livrarias on-line.

VOCABULÁRIO CHINÊS
palavras mais úteis

Os vocabulários da T&P Books destinam-se a ajudar a aprender, a memorizar, e a rever palavras estrangeiras. O vocabulário contém mais de 5000 palavras de uso comum organizadas tematicamente.

O vocabulário contém as palavras mais comummente usadas
Recomendado como adicional para qualquer curso de línguas
Satisfaz as necessidades dos iniciados e dos alunos avançados de línguas estrangeiras
Conveniente para o uso diário, sessões de revisão e atividades de auto-teste
Permite avaliar o seu vocabulário

Características especias do vocabulário

- As palavras estão organizadas de acordo com o seu significado, e não por ordem alfabética
- As palavras são apresentadas em três colunas para facilitar os processos de revisão e auto-teste
- As palavras compostas são divididas em pequenos blocos para facilitar o processo de aprendizagem
- O vocabulário oferece uma transcrição simples e adequada de cada palavra estrangeira

O vocabulário contém 155 tópicos incluindo:

Conceitos básicos, Números, Cores, Meses, Estações do ano, Unidades de medida, Roupas & Acessórios, Alimentos & Nutrição, Restaurante, Membros da Família, Parentes, Caráter, Sentimentos, Emoções, Doenças, Cidade, Passeios, Compras, Dinheiro, Casa, Lar, Escritório, Trabalho no Escritório, Importação & Exportação, Marketing, Pesquisa de Emprego, Desportos, Educação, Computador, Internet, Ferramentas, Natureza, Países, Nacionalidades e muito mais ...

TABELA DE CONTEÚDOS

Guia de pronunciação	9
Abreviaturas	11

CONCEITOS BÁSICOS — 12
Conceitos básicos. Parte 1 — 12

1. Pronomes — 12
2. Cumprimentos. Saudações. Despedidas — 12
3. Como se dirigir a alguém — 13
4. Números cardinais. Parte 1 — 13
5. Números cardinais. Parte 2 — 14
6. Números ordinais — 15
7. Números. Frações — 15
8. Números. Operações básicas — 15
9. Números. Diversos — 15
10. Os verbos mais importantes. Parte 1 — 16
11. Os verbos mais importantes. Parte 2 — 17
12. Os verbos mais importantes. Parte 3 — 18
13. Os verbos mais importantes. Parte 4 — 19
14. Cores — 19
15. Questões — 20
16. Preposições — 21
17. Palavras funcionais. Advérbios. Parte 1 — 21
18. Palavras funcionais. Advérbios. Parte 2 — 23

Conceitos básicos. Parte 2 — 24

19. Dias da semana — 24
20. Horas. Dia e noite — 24
21. Meses. Estações — 25
22. Unidades de medida — 27
23. Recipientes — 27

O SER HUMANO — 29
O ser humano. O corpo — 29

24. Cabeça — 29
25. Corpo humano — 30

Vestuário & Acessórios — 31

26. Roupa exterior. Casacos — 31
27. Vestuário de homem & mulher — 31

28. Vestuário. Roupa interior	32
29. Adereços de cabeça	32
30. Calçado	32
31. Acessórios pessoais	33
32. Vestuário. Diversos	33
33. Cuidados pessoais. Cosméticos	34
34. Relógios de pulso. Relógios	35

Alimentação. Nutrição	**36**
35. Comida	36
36. Bebidas	37
37. Vegetais	38
38. Frutos. Nozes	39
39. Pão. Bolaria	40
40. Pratos cozinhados	40
41. Especiarias	41
42. Refeições	42
43. Por a mesa	42
44. Restaurante	43

Família, parentes e amigos	**44**
45. Informação pessoal. Formulários	44
46. Membros da família. Parentes	44

Medicina	**46**
47. Doenças	46
48. Sintomas. Tratamentos. Parte 1	47
49. Sintomas. Tratamentos. Parte 2	48
50. Sintomas. Tratamentos. Parte 3	49
51. Médicos	50
52. Medicina. Drogas. Acessórios	50

HABITAT HUMANO	**51**
Cidade	**51**
53. Cidade. Vida na cidade	51
54. Instituições urbanas	52
55. Sinais	53
56. Transportes urbanos	54
57. Turismo	55
58. Compras	56
59. Dinheiro	57
60. Correios. Serviço postal	58

Moradia. Casa. Lar	**59**
61. Casa. Eletricidade	59

62.	Moradia. Mansão	59
63.	Apartamento	59
64.	Mobiliário. Interior	60
65.	Quarto de dormir	61
66.	Cozinha	61
67.	Casa de banho	62
68.	Eletrodomésticos	63

ATIVIDADES HUMANAS 64
Emprego. Negócios. Parte 1 64

69.	Escritório. O trabalho no escritório	64
70.	Processos negociais. Parte 1	65
71.	Processos negociais. Parte 2	66
72.	Produção. Trabalhos	67
73.	Contrato. Acordo	68
74.	Importação & Exportação	69
75.	Finanças	69
76.	Marketing	70
77.	Publicidade	70
78.	Banca	71
79.	Telefone. Conversação telefónica	72
80.	Telefone móvel	72
81.	Estacionário	73
82.	Tipos de negócios	73

Emprego. Negócios. Parte 2 76

83.	Espetáculo. Feira	76
84.	Ciência. Investigação. Cientistas	77

Profissões e ocupações 78

85.	Procura de emprego. Demissão	78
86.	Gente de negócios	78
87.	Profissões de serviços	79
88.	Profissões militares e postos	80
89.	Oficiais. Padres	81
90.	Profissões agrícolas	81
91.	Profissões artísticas	82
92.	Várias profissões	82
93.	Ocupações. Estatuto social	84

Educação 85

94.	Escola	85
95.	Colégio. Universidade	86
96.	Ciências. Disciplinas	87
97.	Sistema de escrita. Ortografia	87
98.	Línguas estrangeiras	88

Descanso. Entretenimento. Viagens	90
99. Viagens	90
100. Hotel	90

EQUIPAMENTO TÉCNICO. TRANSPORTES	92
Equipamento técnico. Transportes	92
101. Computador	92
102. Internet. E-mail	93
103. Eletricidade	94
104. Ferramentas	94

Transportes	97
105. Avião	97
106. Comboio	98
107. Barco	99
108. Aeroporto	100

Eventos	102
109. Férias. Evento	102
110. Funerais. Enterro	103
111. Guerra. Soldados	103
112. Guerra. Ações militares. Parte 1	104
113. Guerra. Ações militares. Parte 2	106
114. Armas	107
115. Povos da antiguidade	109
116. Idade média	109
117. Líder. Chefe. Autoridades	111
118. Viloação da lei. Criminosos. Parte 1	112
119. Viloação da lei. Criminosos. Parte 2	113
120. Polícia. Lei. Parte 1	114
121. Polícia. Lei. Parte 2	115

NATUREZA	117
A Terra. Parte 1	117
122. Espaço sideral	117
123. A Terra	118
124. Pontos cardeais	119
125. Mar. Oceano	119
126. Nomes de Mares e Oceanos	120
127. Montanhas	121
128. Nomes de montanhas	122
129. Rios	122
130. Nomes de rios	123
131. Floresta	123
132. Recursos naturais	124

A Terra. Parte 2 — 126

133. Tempo — 126
134. Tempo extremo. Catástrofes naturais — 127

Fauna — 128

135. Mamíferos. Predadores — 128
136. Animais selvagens — 128
137. Animais domésticos — 129
138. Pássaros — 130
139. Peixes. Animais marinhos — 132
140. Amfíbios. Répteis — 132
141. Insetos — 133

Flora — 134

142. Árvores — 134
143. Arbustos — 134
144. Frutos. Bagas — 135
145. Flores. Plantas — 135
146. Cereais, grãos — 137

PAÍSES. NACIONALIDADES — 138

147. Europa Ocidental — 138
148. Europa Central e de Leste — 138
149. Países da ex-URSS — 139
150. Asia — 139
151. América do Norte — 140
152. América Central do Sul — 140
153. Africa — 140
154. Austrália. Oceania — 141
155. Cidades — 141

GUIA DE PRONUNCIAÇÃO

Letra	Exemplo Chinês	Alfabeto fonético T&P	Exemplo Português
a	tóufa	[a]	chamar
ai	hǎi	[aɪ]	cereais
an	bèipàn	[an]	anular
ang	pīncháng	[õ]	jantar
ao	gǎnmào	[aʊ]	produção
b	Bànfǎ	[p]	presente
c	cǎo	[tsh]	[ts] aspirado
ch	chē	[tʃh]	[tsch] aspirado
d	dǐdá	[t]	tulipa
e	dēngjì	[ɛ]	mesquita
ei	běihǎi	[eɪ]	seis
en	xúnwèn	[ə]	milagre
eng	bēngkuì	[ẽ]	entusiasmo
er	érzi	[ɛr]	querer
f	fǎyuàn	[f]	safári
g	gōnglù	[k]	kiwi
h	hǎitún	[h]	[h] aspirada
i	fēijī	[i:]	cair
ia	jiā	[ja]	Himalaias
ian	kànjiàn	[jʌn]	pianista
ie	jiéyuē	[je]	folheto
in	cónglín	[i:n]	canino
j	jīqì	[tɕ]	tchetcheno
k	kuàilè	[kh]	[k] aspirada
l	lúnzi	[l]	libra
m	hémǎ	[m]	magnólia
n	nǐ hǎo	[n]	natureza
o	yībō	[ɔ]	emboço
ong	chénggōng	[ũ]	conjunto
ou	běiměizhōu	[oʊ]	chow-chow
p	pào	[ph]	[p] aspirada
q	qiáo	[tʃ]	Tchim-tchim!
r	rè	[ʒ]	talvez
s	sàipǎo	[s]	sanita
sh	shāsǐ	[ʃ]	mês
t	tūrán	[th]	[t] aspirada
u	dáfù	[u], [ʊ]	bonita
ua	chuán	[ua]	qualidade
un	yúchǔn	[u:n], [ʊn]	boneca
ü	lǚxíng	[y]	questionar
ün	shēnyùn	[jun]	nacional

Letra	Exemplo Chinês	Alfabeto fonético T&P	Exemplo Português
uo	zuòwèi	[uɔ]	álcool
w	wùzhì	[w]	página web
x	xiǎo	[ɕ]	shiatsu
z	zérèn	[ʦ]	tsé-tsé
zh	zhǎo	[dʒ]	adjetivo

Comentários

Primeiro tom (alto, contínuo)
No primeiro tom, o tom de voz permanece constante e ligeiramente alto ao longo da sílaba. Exemplo: **mā**
Segundo tom (crescendo)
No segundo tom, o tom de voz aumenta ligeiramente enquanto pronuncia a sílaba. Exemplo: **má**
Terceiro tom (caindo-crescendo)
No terceiro tom, o tom de voz baixa, e depois volta a subir na mesma sílaba. Exemplo: **mǎ**
Quarto tom (caindo)
No quarto tom, o tom de voz desce abruptamente durante a sílaba. Exemplo: **mà**
Quinto tom (tom neutro)
No tom neutro o tom da voz depende da palavra que se está a dizer, mas normalmente é dito mais breve e mais suave que as outras sílabas. Exemplo: **ma**

ABREVIATURAS
usadas no vocabulário

Abreviaturas do Português

adj	-	adjetivo
adv	-	advérbio
anim.	-	animado
conj.	-	conjunção
desp.	-	desporto
etc.	-	etecetra
ex.	-	por exemplo
f	-	nome feminino
f pl	-	feminino plural
fem.	-	feminino
inanim.	-	inanimado
m	-	nome masculino
m pl	-	masculino plural
m, f	-	masculino, feminino
masc.	-	masculino
mat.	-	matemática
mil.	-	militar
pl	-	plural
prep.	-	preposição
pron.	-	pronome
sb.	-	sobre
sing.	-	singular
v aux	-	verbo auxiliar
vi	-	verbo intransitivo
vi, vt	-	verbo intransitivo, transitivo
vr	-	verbo reflexivo
vt	-	verbo transitivo

CONCEITOS BÁSICOS

Conceitos básicos. Parte 1

1. Pronomes

eu	我	wǒ
tu	你	nǐ
ele	他	tā
ela	她	tā
ele, ela (neutro)	它	tā
nós	我们	wǒ men
vocês	你们	nǐ men
eles	他们	tā men
elas	她们	tā men

2. Cumprimentos. Saudações. Despedidas

Olá!	你好!	nǐ hǎo!
Bom dia! (formal)	你们好!	nǐmen hǎo!
Bom dia! (de manhã)	早上好!	zǎo shàng hǎo!
Boa tarde!	午安!	wǔ ān!
Boa noite!	晚上好!	wǎn shàng hǎo!
cumprimentar (vt)	问好	wèn hǎo
Olá!	你好!	nǐ hǎo!
saudação (f)	问候	wèn hòu
saudar (vt)	欢迎	huān yíng
Como vai?	你好吗?	nǐ hǎo ma?
O que há de novo?	有 什么 新 消息?	yǒu shénme xīn xiāoxi?
Até à vista!	再见!	zài jiàn!
Até breve!	回头见!	huí tóu jiàn!
Adeus!	再见!	zài jiàn!
despedir-se (vr)	说再见	shuō zài jiàn
Até logo!	回头见!	huí tóu jiàn!
Obrigado! -a!	谢谢!	xièxie!
Muito obrigado! -a!	多谢!	duō xiè!
De nada	不客气	bù kè qi
Não tem de quê	不用谢谢!	bùyòng xièxie!
De nada	没什么	méi shén me
Desculpa! -pe!	请原谅	qǐng yuán liàng
desculpar-se (vr)	道歉	dào qiàn

As minhas desculpas	我道歉	wǒ dào qiàn
Desculpe!	对不起!	duì bu qǐ!
perdoar (vt)	原谅	yuán liàng
por favor	请	qǐng
Não se esqueça!	别忘了!	bié wàng le!
Certamente! Claro!	当然!	dāng rán!
Claro que não!	当然不是!	dāng rán bù shi!
Está bem! De acordo!	同意!	tóng yì!
Basta!	够了!	gòu le!

3. Como se dirigir a alguém

senhor	先生	xiān sheng
senhora	夫人	fū ren
rapariga	姑娘	gū niang
rapaz	年轻人	nián qǐng rén
menino	小男孩	xiǎo nán hái
menina	小女孩	xiǎo nǚ hái

4. Números cardinais. Parte 1

zero	零	líng
um	一	yī
dois	二	èr
três	三	sān
quatro	四	sì
cinco	五	wǔ
seis	六	liù
sete	七	qī
oito	八	bā
nove	九	jiǔ
dez	十	shí
onze	十一	shí yī
doze	十二	shí èr
treze	十三	shí sān
catorze	十四	shí sì
quinze	十五	shí wǔ
dezasseis	十六	shí liù
dezassete	十七	shí qī
dezoito	十八	shí bā
dezanove	十九	shí jiǔ
vinte	二十	èrshí
vinte e um	二十一	èrshí yī
vinte e dois	二十二	èrshí èr
vinte e três	二十三	èrshí sān
trinta	三十	sānshí
trinta e um	三十一	sānshí yī

trinta e dois	三十二	sānshí èr
trinta e três	三十三	sānshí sān
quarenta	四十	sìshí
quarenta e um	四十一	sìshí yī
quarenta e dois	四十二	sìshí èr
quarenta e três	四十三	sìshí sān
cinquenta	五十	wǔshí
cinquenta e um	五十一	wǔshí yī
cinquenta e dois	五十二	wǔshí èr
cinquenta e três	五十三	wǔshí sān
sessenta	六十	liùshí
sessenta e um	六十一	liùshí yī
sessenta e dois	六十二	liùshí èr
sessenta e três	六十三	liùshí sān
setenta	七十	qīshí
setenta e um	七十一	qīshí yī
setenta e dois	七十二	qīshí èr
setenta e três	七十三	qīshí sān
oitenta	八十	bāshí
oitenta e um	八十一	bāshí yī
oitenta e dois	八十二	bāshí èr
oitenta e três	八十三	bāshí sān
noventa	九十	jiǔshí
noventa e um	九十一	jiǔshí yī
noventa e dois	九十二	jiǔshí èr
noventa e três	九十三	jiǔshí sān

5. Números cardinais. Parte 2

cem	一百	yī bǎi
duzentos	两百	liǎng bǎi
trezentos	三百	sān bǎi
quatrocentos	四百	sì bǎi
quinhentos	五百	wǔ bǎi
seiscentos	六百	liù bǎi
setecentos	七百	qī bǎi
oitocentos	八百	bā bǎi
novecentos	九百	jiǔ bǎi
mil	一千	yī qiān
dois mil	两千	liǎng qiān
De quem são ...?	三千	sān qiān
dez mil	一万	yī wàn
cem mil	十万	shí wàn
um milhão	百万	bǎi wàn
mil milhões	十亿	shíyì

6. Números ordinais

primeiro	第一	dì yī
segundo	第二	dì èr
terceiro	第三	dì sān
quarto	第四	dì sì
quinto	第五	dì wǔ
sexto	第六	dì liù
sétimo	第七	dì qī
oitavo	第八	dì bā
nono	第九	dì jiǔ
décimo	第十	dì shí

7. Números. Frações

fração (f)	分数	fēnshù
um meio	二分之一	èrfēn zhīyī
um terço	三分之一	sānfēn zhīyī
um quarto	四分之一	sìfēn zhīyī
um oitavo	八分之一	bāfēn zhīyī
um décimo	十分之一	shífēn zhīyī
dois terços	三分之二	sānfēn zhīèr
três quartos	四分之三	sìfēn zhīsān

8. Números. Operações básicas

subtração (f)	减法	jiǎn fǎ
subtrair (vi, vt)	减，减去	jiǎn, jiǎn qù
divisão (f)	除法	chú fǎ
dividir (vt)	除	chú
adição (f)	加法	jiā fǎ
somar (vt)	加	jiā
adicionar (vt)	加	jiā
multiplicação (f)	乘法	chéng fǎ
multiplicar (vt)	乘	chéng

9. Números. Diversos

algarismo, dígito (m)	数字	shù zì
número (m)	数	shù
numeral (m)	数词	shù cí
menos (m)	负号	fù hào
mais (m)	正号	zhèng hào
fórmula (f)	公式	gōng shì
cálculo (m)	计算	jì suàn
contar (vt)	计算	jì suàn

calcular (vt)	结算	jié suàn
comparar (vt)	比较	bǐ jiào
Quanto, -os, -as?	多少?	duōshao?
soma (f)	和	hé
resultado (m)	结果	jié guǒ
resto (m)	余数	yú shù
alguns, algumas …	几个	jǐ gè
um pouco de …	不多	bù duō
resto (m)	剩下的	shèng xià de
um e meio	一个半	yī gè bàn
dúzia (f)	一打	yī dá
ao meio	成两半	chéng liǎng bàn
em partes iguais	平均地	píng jūn de
metade (f)	一半	yī bàn
vez (f)	次	cì

10. Os verbos mais importantes. Parte 1

abrir (vt)	开	kāi
acabar, terminar (vt)	结束	jié shù
aconselhar (vt)	建议	jià nyì
adivinhar (vt)	猜中	cāi zhòng
advertir (vt)	警告	jǐng gào
ajudar (vt)	帮助	bāng zhù
alugar (~ um apartamento)	租房	zū fáng
amar (vt)	爱	ài
ameaçar (vt)	威胁	wēi xié
anotar (escrever)	记录	jì lù
apanhar (vt)	抓住	zhuā zhù
apressar-se (vr)	赶紧	gǎn jǐn
arrepender-se (vr)	后悔	hòu huǐ
assinar (vt)	签名	qiān míng
atirar, disparar (vi)	射击	shè jī
brincar (vi)	开玩笑	kāi wán xiào
brincar, jogar (crianças)	玩	wán
buscar (vt)	寻找	xún zhǎo
caçar (vi)	打猎	dǎ liè
cair (vi)	跌倒	diē dǎo
cavar (vt)	挖	wā
cessar (vi)	停止	tíng zhǐ
chamar (~ por socorro)	呼	hū
chegar (vi)	来到	lái dào
chorar (vi)	哭	kū
começar (vt)	开始	kāi shǐ
comparar (vt)	比较	bǐ jiào
compreender (vt)	明白	míng bai

concordar (vi)	同意	tóng yì
confiar (vt)	信任	xìn rèn
confundir (equivocar-se)	混淆	hùn xiáo
conhecer (vt)	认识	rèn shi
contar (fazer contas)	计算	jì suàn
contar com (esperar)	指望	zhǐ wàng
continuar (vt)	继续	jì xù
controlar (vt)	控制	kòng zhì
convidar (vt)	邀请	yāo qǐng
correr (vi)	跑	pǎo
criar (vt)	创造	chuàng zào
custar (vt)	价钱为	jià qian wèi

11. Os verbos mais importantes. Parte 2

dar (vt)	给	gěi
dar uma dica	暗示	àn shì
decorar (enfeitar)	装饰	zhuāng shì
defender (vt)	保卫	bǎo wèi
deixar cair (vt)	掉	diào
descer (para baixo)	下来	xià lai
desculpar-se (vr)	道歉	dào qiàn
dirigir (~ uma empresa)	管理	guǎn lǐ
discutir (notícias, etc.)	讨论	tǎo lùn
dizer (vt)	说	shuō
duvidar (vt)	怀疑	huái yí
encontrar (achar)	找到	zhǎo dào
enganar (vt)	骗	piàn
entrar (na sala, etc.)	进来	jìn lái
enviar (uma carta)	寄	jì
errar (equivocar-se)	犯错	fàn cuò
escolher (vt)	选	xuǎn
esconder (vt)	藏	cáng
escrever (vt)	写	xiě
esperar (o autocarro, etc.)	等	děng
esperar (ter esperança)	希望	xī wàng
esquecer (vt)	忘	wàng
estudar (vt)	学习	xué xí
exigir (vt)	要求	yāo qiú
existir (vi)	存在	cún zài
explicar (vt)	说明	shuō míng
falar (vi)	说	shuō
faltar (clases, etc.)	错过	cuò guò
fazer (vt)	做	zuò
ficar em silêncio	沉默	chén mò
gabar-se, jactar-se (vr)	自夸	zì kuā
gritar (vi)	叫喊	jiào hǎn

guardar (cartas, etc.)	保存	bǎo cún
informar (vt)	通知	tōng zhī
insistir (vi)	坚持	jiān chí
insultar (vt)	侮辱	wǔ rǔ
interessar-se (vr)	对 … 感兴趣	duì … gǎn xìng qù
ir (a pé)	走	zǒu
ir nadar	去游泳	qù yóu yǒng
jantar (vi)	吃晚饭	chī wǎn fàn

12. Os verbos mais importantes. Parte 3

ler (vt)	读	dú
libertar (cidade, etc.)	解放	jiě fàng
matar (vt)	杀死	shā sǐ
mencionar (vt)	提到	tí dào
mostrar (vt)	展示	zhǎn shì
mudar (modificar)	改变	gǎi biàn
nadar (vi)	游泳	yóuyǒng
negar-se a …	拒绝	jù jué
objetar (vt)	反对	fǎn duì
observar (vt)	观察	guān chá
ordenar (mil.)	命令	mìng lìng
ouvir (vt)	听见	tīng jiàn
pagar (vt)	付，支付	fù, zhī fù
parar (vi)	停	tíng
participar (vi)	参与	cān yù
pedir (comida)	订	dìng
pedir (um favor, etc.)	请求	qǐng qiú
pegar (tomar)	拿	ná
pensar (vt)	想	xiǎng
perceber (ver)	注意到	zhù yì dào
perdoar (vt)	原谅	yuán liàng
perguntar (vt)	问	wèn
permitir (vt)	允许	yǔn xǔ
pertencer a …	属于	shǔ yú
planear (vt)	计划	jì huà
poder (vi)	能	néng
possuir (vt)	拥有	yōng yǒu
preferir (vt)	宁愿	nìng yuàn
preparar (vt)	做饭	zuò fàn
prever (vt)	预见	yù jiàn
prometer (vt)	承诺	chéng nuò
pronunciar (vt)	发音	fā yīn
propor (vt)	提议	tí yì
punir (castigar)	惩罚	chéng fá

13. Os verbos mais importantes. Parte 4

quebrar (vt)	打破	dǎ pò
queixar-se (vr)	抱怨	bào yuàn
querer (desejar)	想，想要	xiǎng, xiǎng yào
recomendar (vt)	推荐	tuī jiàn
repetir (dizer outra vez)	重复	chóng fù
repreender (vt)	责骂	zé mà
reservar (~ um quarto)	预订	yù dìng
responder (vt)	回答	huí dá
rezar, orar (vi)	祈祷	qí dǎo
rir (vi)	笑	xiào
roubar (vt)	偷窃	tōu qiè
saber (vt)	知道	zhī dào
sair (~ de casa)	走出去	zǒu chū qù
salvar (vt)	救出	jiù chū
seguir ...	跟随	gēn suí
sentar-se (vr)	坐下	zuò xia
ser necessário	需要	xū yào
ser, estar	当	dāng
significar (vt)	表示	biǎo shì
sorrir (vi)	微笑	wēi xiào
subestimar (vt)	轻视	qīng shì
surpreender-se (vr)	吃惊	chī jīng
tentar (vt)	试图	shì tú
ter (vt)	有	yǒu
ter fome	饿	è
ter medo	害怕	hài pà
ter sede	渴	kě
tocar (com as mãos)	摸	mō
tomar o pequeno-almoço	吃早饭	chī zǎo fàn
trabalhar (vi)	工作	gōng zuò
traduzir (vt)	翻译	fān yì
unir (vt)	联合	lián hé
vender (vt)	卖	mài
ver (vt)	见，看见	jiàn, kàn jiàn
virar (ex. ~ à direita)	转弯	zhuǎn wān
voar (vi)	飞	fēi

14. Cores

cor (f)	颜色	yán sè
matiz (m)	色调	sè diào
tom (m)	色调	sè diào
arco-íris (m)	彩虹	cǎi hóng
branco	白的	bái de

preto	黑色的	hēi sè de
cinzento	灰色的	huī sè de
verde	绿色的	lǜ sè de
amarelo	黄色的	huáng sè de
vermelho	红色的	hóng sè de
azul	蓝色的	lán sè
azul claro	天蓝色的	tiānlán sè
rosa	粉红色的	fěnhóng sè
laranja	橙色的	chéng sè de
violeta	紫色的	zǐ sè de
castanho	棕色的	zōng sè de
dourado	金色的	jīn sè de
prateado	银白色的	yín bái sè de
bege	浅棕色的	qiǎn zōng sè de
creme	奶油色的	nǎi yóu sè de
turquesa	青绿色的	qīng lǜ sè de
vermelho cereja	樱桃色的	yīng táo sè de
lilás	淡紫色的	dànzǐ sè de
carmesim	深红色的	shēn hóng sè de
claro	淡色的	dàn sè de
escuro	深色的	shēn sè de
vivo	鲜艳的	xiān yàn de
de cor	有色的	yǒu sè de
a cores	彩色的	cǎi sè de
preto e branco	黑白色的	hēi bái sè de
unicolor	单色的	dān sè de
multicor	杂色的	zá sè de

15. Questões

Quem?	谁?	shéi?
Que?	什么?	shén me?
Onde?	在哪儿?	zài nǎr?
Para onde?	到哪儿?	dào nǎr?
De onde?	从哪儿来?	cóng nǎr lái?
Quando?	什么时候?	shénme shíhou?
Para quê?	为了什么目的?	wèile shénme mùdì?
Porquê?	为什么?	wèi shénme?
Para quê?	为了什么目的?	wèile shénme mùdì?
Como?	如何?	rú hé?
Qual? (entre dois ou mais)	哪个?	nǎ ge?
A quem?	给谁?	gěi shéi?
Sobre quem?	关于谁?	guān yú shéi?
Do quê?	关于什么?	guān yú shénme?
Com quem?	跟谁?	gēns héi?
Quanto, -os, -as?	多少?	duōshao?
De quem?	谁的?	shéi de?

16. Preposições

com (prep.)	和，跟	hé, gēn
sem (prep.)	没有	méi yǒu
a, para (exprime lugar)	往	wǎng
sobre (ex. falar ~)	关于	guān yú
antes de ...	在 ... 之前	zài ... zhī qián
diante de ...	在 ... 前面	zài ... qián mian
sob (debaixo de)	在 ... 下面	zài ... xià mian
sobre (em cima de)	在 ... 上方	zài ... shàng fāng
sobre (~ a mesa)	在 ... 上	zài ... shàng
de (vir ~ Lisboa)	从	cóng
de (feito ~ pedra)	... 做的	... zuò de
dentro de (~ dez minutos)	在 ... 之后	zài ... zhī hòu
por cima de ...	跨过	kuà guò

17. Palavras funcionais. Advérbios. Parte 1

Onde?	在哪儿?	zài nǎr?
aqui	在这儿	zài zhèr
lá, ali	那儿	nàr
em algum lugar	某处	mǒu chù
em lugar nenhum	无处	wú chù
ao pé de ...	在 ... 旁边	zài ... páng biān
ao pé da janela	在窗户旁边	zài chuānghu páng biān
Para onde?	到哪儿?	dào nǎr?
para cá	到这儿	dào zhèr
para lá	往那边	wǎng nà bian
daqui	从这里	cóng zhè lǐ
de lá, dali	从那里	cóng nà lǐ
perto	附近	fù jìn
longe	远	yuǎn
perto de ...	在 ... 附近	zài ... fù jìn
ao lado de	在附近, 在近处	zài fù jìn, zài jìn chù
perto, não fica longe	不远	bù yuǎn
esquerdo	左边的	zuǒ bian de
à esquerda	在左边	zài zuǒ bian
para esquerda	往左	wàng zuǒ
direito	右边的	yòu bian de
à direita	在右边	zài yòu bian
para direita	往右	wàng yòu
à frente	在前面	zài qián miàn
da frente	前 ... , 前面的	qián ..., qián miàn de

em frente (para a frente)	先走	xiān zǒu
atrás de …	在后面	zài hòu miàn
por detrás (vir ~)	从后面	cóng hòu miàn
para trás	往后	wàng hòu
meio (m), metade (f)	中间	zhōng jiān
no meio	在中间	zài zhōng jiān
de lado	在一边	zài yī biān
em todo lugar	到处	dào chù
ao redor (olhar ~)	周围	zhōu wéi
de dentro	从里面	cóng lǐ miàn
para algum lugar	往某处	wàng mǒu chù
diretamente	径直地	jìng zhí de
de volta	往后	wàng hòu
de algum lugar	从任何地方	cóng rèn hé de fāng
de um lugar	从某处	cóng mǒu chù
em primeiro lugar	第一	dì yī
em segundo lugar	第二	dì èr
em terceiro lugar	第三	dì sān
de repente	忽然	hū rán
no início	最初	zuì chū
pela primeira vez	初次	chū cì
muito antes de …	… 之前很久	… zhī qián hěn jiǔ
de novo, novamente	重新	chóng xīn
para sempre	永远	yǒng yuǎn
nunca	从未	cóng wèi
de novo	再	zài
agora	目前	mù qián
frequentemente	经常	jīng cháng
então	当时	dāng shí
urgentemente	紧急地	jǐn jí de
usualmente	通常	tōng cháng
a propósito, …	顺便	shùn biàn
é possível	可能	kě néng
provavelmente	大概	dà gài
talvez	可能	kě néng
além disso, …	再说 …	zài shuō …
por isso	所以	suǒ yǐ …
apesar de …	尽管 …	jǐn guǎn …
graças a …	由于 …	yóu yú …
que (pron.)	什么	shén me
algo	某物	mǒu wù
alguma coisa	任何事	rèn hé shì
nada	毫不，决不	háo bù, jué bù
quem	谁	shéi
alguém (~ teve uma ideia …)	有人	yǒu rén
alguém	某人	mǒu rén

ninguém	无人	wú rén
para lugar nenhum	哪里都不	nǎ lǐ dōu bù
de ninguém	无人的	wú rén de
de alguém	某人的	mǒu rén de
tão	这么	zhè me
também (gostaria ~ de ...)	也	yě
também (~ eu)	也	yě

18. Palavras funcionais. Advérbios. Parte 2

Porquê?	为什么?	wèi shénme?
por alguma razão	由于某种原因	yóu yú mǒu zhǒng yuán yīn
porque ...	因为 ...	yīn wèi ...
por qualquer razão	不知为什么	bùzhī wèi shénme
e (tu ~ eu)	和	hé
ou (ser ~ não ser)	或者，还是	huò zhě, hái shì
mas (porém)	但	dàn
para (~ a minha mãe)	为	wèi
demasiado, muito	太	tài
só, somente	只	zhǐ
exatamente	精确地	jīng què de
cerca de (~ 10 kg)	大约	dà yuē
aproximadamente	大概	dà gài
aproximado	大概的	dà gài de
quase	差不多	chà bu duō
resto (m)	剩下的	shèng xià de
cada	每个的	měi gè de
qualquer	任何	rèn hé
muito	许多	xǔ duō
muitas pessoas	很多人	hěn duō rén
todos	都	dōu
em troca de ...	作为交换	zuò wéi jiāo huàn
em troca	作为交换	zuò wéi jiāo huàn
à mão	手工	shǒu gōng
pouco provável	几乎不	jī hū bù
provavelmente	可能	kě néng
de propósito	故意	gù yì
por acidente	偶然的	ǒu rán de
muito	很	hěn
por exemplo	例如	lì rú
entre	之间	zhī jiān
entre (no meio de)	在 ... 中	zài ... zhōng
tanto	这么多	zhè me duō
especialmente	特别	tè bié

Conceitos básicos. Parte 2

19. Dias da semana

segunda-feira (f)	星期一	xīng qī yī
terça-feira (f)	星期二	xīng qī èr
quarta-feira (f)	星期三	xīng qī sān
quinta-feira (f)	星期四	xīng qī sì
sexta-feira (f)	星期五	xīng qī wǔ
sábado (m)	星期六	xīng qī liù
domingo (m)	星期天	xīng qī tiān
hoje	今天	jīn tiān
amanhã	明天	míng tiān
depois de amanhã	后天	hòu tiān
ontem	昨天	zuó tiān
anteontem	前天	qián tiān
dia (m)	白天	bái tiān
dia (m) de trabalho	工作日	gōng zuò rì
feriado (m)	节日	jié rì
dia (m) de folga	休假日	xiū jià rì
fim (m) de semana	周末	zhōu mò
o dia todo	一整天	yī zhěng tiān
no dia seguinte	次日	cì rì
há dois dias	两天前	liǎng tiān qián
na véspera	前一天	qián yī tiān
diário	每天的	měi tiān de
todos os dias	每天地	měi tiān de
semana (f)	星期	xīng qī
na semana passada	上星期	shàng xīng qī
na próxima semana	次周	cì zhōu
semanal	每周的	měi zhōu de
cada semana	每周	měi zhōu
duas vezes por semana	一周两次	yīzhōu liǎngcì
cada terça-feira	每个星期二	měi gè xīng qī èr

20. Horas. Dia e noite

manhã (f)	早晨	zǎo chén
de manhã	在上午	zài shàng wǔ
meio-dia (m)	中午	zhōng wǔ
à tarde	在下午	zài xià wǔ
noite (f)	晚间	wǎn jiān
à noite (noitinha)	在晚上	zài wǎn shang

noite (f)	夜晚	yè wǎn
à noite	夜间	yè jiān
meia-noite (f)	午夜	wǔ yè
segundo (m)	秒	miǎo
minuto (m)	分钟	fēn zhōng
hora (f)	小时	xiǎo shí
meia hora (f)	半小时	bàn xiǎo shí
quarto (m) de hora	一刻钟	yī kè zhōng
quinze minutos	十五分钟	shíwǔ fēn zhōng
vinte e quatro horas	昼夜	zhòuyè
nascer (m) do sol	日出	rì chū
amanhecer (m)	黎明	lí míng
madrugada (f)	清晨	qīng chén
pôr do sol (m)	日落	rì luò
de madrugada	一大早地	yī dà zǎo de
hoje de manhã	今天早上	jīntiān zǎo shang
amanhã de manhã	明天早上	míngtiān zǎo shang
hoje à tarde	今天下午	jīntiān xià wǔ
à tarde	在下午	zài xià wǔ
amanhã à tarde	明天下午	míngtiān xià wǔ
hoje à noite	今晚	jīn wǎn
amanhã à noite	明天晚上	míngtiān wǎn shang
por volta das quatro	快到四点钟了	kuài dào sì diǎnzhōng le
às doze	十二点钟	shí èr diǎnzhōng
dentro de vinte minutos	二十分钟 以后	èrshí fēnzhōng yǐhòu
dentro duma hora	在一个小时	zài yī gè xiǎo shí
a tempo	按时	àn shí
menos um quarto	差一刻	chà yī kè
durante uma hora	一小时内	yī xiǎo shí nèi
a cada quinze minutos	每个十五分钟	měi gè shíwǔ fēnzhōng
as vinte e quatro horas	日夜	ri yè

21. Meses. Estações

janeiro (m)	一月	yī yuè
fevereiro (m)	二月	èr yuè
março (m)	三月	sān yuè
abril (m)	四月	sì yuè
maio (m)	五月	wǔ yuè
junho (m)	六月	liù yuè
julho (m)	七月	qī yuè
agosto (m)	八月	bā yuè
setembro (m)	九月	jiǔ yuè
outubro (m)	十月	shí yuè
novembro (m)	十一月	shí yī yuè

dezembro (m)	十二月	shí èr yuè
primavera (f)	春季，春天	chūn jì
na primavera	在春季	zài chūn jì
primaveril	春天的	chūn tiān de
verão (m)	夏天	xià tiān
no verão	在夏天	zài xià tiān
de verão	夏天的	xià tiān de
outono (m)	秋天	qiū tiān
no outono	在秋季	zài qiū jì
outonal	秋天的	qiū tiān de
inverno (m)	冬天	dōng tiān
no inverno	在冬季	zài dōng jì
de inverno	冬天的	dōng tiān de
mês (m)	月，月份	yuè, yuèfèn
este mês	本月	běn yuè
no próximo mês	次月	cì yuè
no mês passado	上个月	shàng gè yuè
há um mês	一个月前	yī gè yuè qián
dentro de um mês	在一个月	zài yī gè yuè
dentro de dois meses	过两个月	guò liǎng gè yuè
todo o mês	整个月	zhěnggè yuè
um mês inteiro	整个月	zhěnggè yuè
mensal	每月的	měi yuè de
mensalmente	每月	měi yuè
cada mês	每月	měi yuè
duas vezes por mês	一个月两次	yī gè yuè liǎngcì
ano (m)	年	nián
este ano	今年，本年度	jīn nián, běn nián dù
no próximo ano	次年	cì nián
no ano passado	去年	qù nián
há um ano	一年前	yī nián qián
dentro dum ano	在一年	zài yī nián
dentro de 2 anos	过两年	guò liǎng nián
todo o ano	一整年	yī zhěng nián
um ano inteiro	表示一整年	biǎo shì yī zhěng nián
cada ano	每年	měi nián
anual	每年的	měi nián de
anualmente	每年	měi nián
quatro vezes por ano	一年四次	yī nián sì cì
data (~ de hoje)	日期	rìqī
data (ex. ~ de nascimento)	日期	rìqī
calendário (m)	日历	rìlì
meio ano	半年	bàn nián
seis meses	半年	bàn nián
estação (f)	季节	jì jié
século (m)	世纪	shì jì

22. Unidades de medida

peso (m)	重量	zhòng liàng
comprimento (m)	长，长度	cháng, cháng dù
largura (f)	宽度	kuān dù
altura (f)	高度	gāo dù
profundidade (f)	深度	shēn dù
volume (m)	容量	róng liàng
área (f)	面积	miàn jī
grama (m)	克	kè
miligrama (m)	毫克	háo kè
quilograma (m)	公斤	gōng jīn
tonelada (f)	吨	dūn
libra (453,6 gramas)	磅	bàng
onça (f)	盎司	àng sī
metro (m)	米	mǐ
milímetro (m)	毫米	háo mǐ
centímetro (m)	厘米	límǐ
quilómetro (m)	公里	gōng lǐ
milha (f)	英里	yīng lǐ
polegada (f)	英寸	yīng cùn
pé (304,74 mm)	英尺	yīng chǐ
jarda (914,383 mm)	码	mǎ
metro (m) quadrado	平方米	píng fāng mǐ
hectare (m)	公顷	gōng qīng
litro (m)	升	shēng
grau (m)	度	dù
volt (m)	伏，伏特	fú, fú tè
ampere (m)	安培	ān péi
cavalo-vapor (m)	马力	mǎ lì
quantidade (f)	量	liàng
um pouco de ...	一点	yī diǎn
metade (f)	一半	yī bàn
dúzia (f)	一打	yī dá
peça (f)	个	gè
dimensão (f)	大小	dà xiǎo
escala (f)	比例	bǐ lì
mínimo	最低的	zuì dī de
menor, mais pequeno	最小的	zuì xiǎo de
médio	中等的	zhōng děng de
máximo	最多的	zuì duō de
maior, mais grande	最大的	zuì dà de

23. Recipientes

boião (m) de vidro	玻璃罐	bōli guàn
lata (~ de cerveja)	罐头	guàn tou

balde (m)	吊桶	diào tǒng
barril (m)	桶	tǒng
bacia (~ de plástico)	盆	pén
tanque (m)	箱	xiāng
cantil (m) de bolso	小酒壶	xiǎo jiǔ hú
bidão (m) de gasolina	汽油罐	qì yóu guàn
cisterna (f)	储水箱	chǔ shuǐ xiāng
caneca (f)	马克杯	mǎkè bēi
chávena (f)	杯子	bēi zi
pires (m)	碟子	dié zi
copo (m)	杯子	bēi zi
taça (f) de vinho	酒杯	jiǔ bēi
panela, caçarola (f)	炖锅	dùn guō
garrafa (f)	瓶子	píng zi
gargalo (m)	瓶颈	píng jǐng
jarro, garrafa (f)	长颈玻璃瓶	chángjǐng bōli píng
jarro (m) de barro	粘土壶	nián tǔ hú
recipiente (m)	器皿	qì mǐn
pote (m)	花盆	huā pén
vaso (m)	花瓶	huā píng
frasco (~ de perfume)	小瓶	xiǎo píng
frasquinho (ex. ~ de iodo)	小玻璃瓶	xiǎo bōli píng
tubo (~ de pasta dentífrica)	软管	ruǎn guǎn
saca (ex. ~ de açúcar)	麻袋	má dài
saco (~ de plástico)	袋	dài
maço (m)	包，盒	bāo, hé
caixa (~ de sapatos, etc.)	盒子	hé zi
caixa (~ de madeira)	箱子	xiāng zi
cesta (f)	篮子	lán zi

O SER HUMANO

O ser humano. O corpo

24. Cabeça

cabeça (f)	头	tóu
cara (f)	脸，面孔	liǎn, miàn kǒng
nariz (m)	鼻子	bí zi
boca (f)	口，嘴	kǒu, zuǐ
olho (m)	眼	yǎn
olhos (m pl)	眼睛	yǎn jing
pupila (f)	瞳孔	tóng kǒng
sobrancelha (f)	眉毛	méi mao
pestana (f)	睫毛	jié máo
pálpebra (f)	眼皮	yǎn pí
língua (f)	舌，舌头	shé, shé tou
dente (m)	牙，牙齿	yá, yá chǐ
lábios (m pl)	唇	chún
maçãs (f pl) do rosto	颧骨	quán gǔ
gengiva (f)	齿龈	chǐ yín
palato (m)	腭	è
narinas (f pl)	鼻孔	bí kǒng
queixo (m)	颏	kē
mandíbula (f)	下颌	xià hé
bochecha (f)	脸颊	liǎn jiá
testa (f)	前额	qián é
têmpora (f)	太阳穴	tài yáng xué
orelha (f)	耳朵	ěr duo
nuca (f)	后脑勺儿	hòu nǎo sháo r
pescoço (m)	颈	jǐng
garganta (f)	喉部	hóu bù
cabelos (m pl)	头发	tóu fa
penteado (m)	发型	fà xíng
corte (m) de cabelo	发式	fà shì
peruca (f)	假发	jiǎ fà
bigode (m)	胡子	hú zi
barba (f)	胡须	hú xū
usar, ter (~ barba, etc.)	蓄着	xù zhuó
trança (f)	辫子	biàn zi
suíças (f pl)	鬓角	bìn jiǎo
ruivo	红发的	hóng fà de
grisalho	灰白的	huī bái de

calvo	秃头的	tū tóu de
calva (f)	秃头	tū tóu
rabo-de-cavalo (m)	马尾辫	mǎ wěi biàn
franja (f)	刘海	liú hǎi

25. Corpo humano

mão (f)	手	shǒu
braço (m)	胳膊	gēbo
dedo (m)	手指	shǒu zhǐ
polegar (m)	拇指	mǔ zhǐ
dedo (m) mindinho	小指	xiǎo zhǐ
unha (f)	指甲	zhǐ jia
punho (m)	拳	quán
palma (f) da mão	手掌	shǒu zhǎng
pulso (m)	腕	wàn
antebraço (m)	前臂	qián bì
cotovelo (m)	肘	zhǒu
ombro (m)	肩膀	jiān bǎng
perna (f)	腿	tuǐ
pé (m)	脚，足	jiǎo, zú
joelho (m)	膝，膝盖	xī, xī gài
barriga (f) da perna	小腿肚	xiǎo tuǐ dù
anca (f)	臀部	tún bù
calcanhar (m)	后跟	hòu gēn
corpo (m)	身体	shēntǐ
barriga (f)	腹，腹部	fù, fù bù
peito (m)	胸	xiōng
seio (m)	乳房	rǔ fáng
lado (m)	体侧	tǐ cè
costas (f pl)	背	bèi
região (f) lombar	下背	xià bèi
cintura (f)	腰	yāo
umbigo (m)	肚脐	dù qí
nádegas (f pl)	臀部，屁股	tún bù, pì gu
traseiro (m)	屁股	pì gu
sinal (m)	痣	zhì
sinal (m) de nascença	胎痣	tāi zhì
tatuagem (f)	文身	wén shēn
cicatriz (f)	疤	bā

Vestuário & Acessórios

26. Roupa exterior. Casacos

roupa (f)	服装	fú zhuāng
roupa (f) exterior	外衣，上衣	wài yī, shàng yī
roupa (f) de inverno	寒衣	hán yī
sobretudo (m)	大衣	dà yī
casaco (m) de peles	皮大衣	pí dà yī
casaco curto (m) de peles	皮草短外套	pí cǎo duǎn wài tào
casaco (m) acolchoado	羽绒服	yǔ róng fú
casaco, blusão (m)	茄克衫	jiā kè shān
impermeável (m)	雨衣	yǔ yī
impermeável	不透水的	bù tòu shuǐ de

27. Vestuário de homem & mulher

camisa (f)	衬衫	chèn shān
calças (f pl)	裤子	kù zi
calças (f pl) de ganga	牛仔裤	niú zǎi kù
casaco (m) de fato	西服上衣	xī fú shàng yī
fato (m)	套装	tào zhuāng
vestido (ex. ~ vermelho)	连衣裙	lián yī qún
saia (f)	裙子	qún zi
blusa (f)	女衬衫	nǚ chèn shān
casaco (m) de malha	针织毛衣	zhēn zhī máo yī
casaco, blazer (m)	茄克衫	jiā kè shān
T-shirt, camiseta (f)	T袖	T xù
calções (Bermudas, etc.)	短裤	duǎn kù
fato (m) de treino	运动服	yùn dòng fú
roupão (m) de banho	浴衣	yù yī
pijama (m)	睡衣	shuì yī
suéter (m)	毛衣	máo yī
pulôver (m)	套头衫	tào tóu shān
colete (m)	马甲	mǎ jiǎ
fraque (m)	燕尾服	yàn wěi fú
smoking (m)	无尾礼服	wú wěi lǐ fú
uniforme (m)	制服	zhì fú
roupa (f) de trabalho	工作服	gōng zuò fú
fato-macaco (m)	连体服	lián tǐ fú
bata (~ branca, etc.)	医师服	yī shī fú

28. Vestuário. Roupa interior

roupa (f) interior	内衣	nèi yī
camisola (f) interior	汗衫	hàn shān
peúgas (f pl)	短袜	duǎn wà
camisa (f) de noite	睡衣	shuì yī
sutiã (m)	乳罩	rǔ zhào
meias longas (f pl)	膝上袜	xī shàng wà
meia-calça (f)	连裤袜	lián kù wà
meias (f pl)	长筒袜	cháng tǒng wà
fato (m) de banho	游泳衣	yóu yǒng yī

29. Adereços de cabeça

chapéu (m)	帽子	mào zi
chapéu (m) de feltro	礼帽	lǐ mào
boné (m) de beisebol	棒球帽	bàng qiú mào
boné (m)	鸭舌帽	yā shé mào
boina (f)	贝雷帽	bèi léi mào
capuz (m)	风帽	fēng mào
panamá (m)	巴拿马草帽	bānámǎ cǎo mào
gorro (m) de malha	针织帽	zhēn zhī mào
lenço (m)	头巾	tóujīn
chapéu (m) de mulher	女式帽	nǚshì mào
capacete (m) de proteção	安全帽	ān quán mào
bibico (m)	船形帽	chuán xíng mào
capacete (m)	头盔	tóu kuī
chapéu-coco (m)	圆顶礼帽	yuán dǐng lǐ mào
chapéu (m) alto	大礼帽	dà lǐ mào

30. Calçado

calçado (m)	鞋类	xié lèi
botinas (f pl)	短靴	duǎn xuē
sapatos (de salto alto, etc.)	翼尖鞋	yì jiān xié
botas (f pl)	靴子	xuē zi
pantufas (f pl)	拖鞋	tuō xié
ténis (m pl)	运动鞋	yùndòng xié
sapatilhas (f pl)	胶底运动鞋	jiāodǐ yùndòng xié
sandálias (f pl)	凉鞋	liáng xié
sapateiro (m)	鞋匠	xié jiàng
salto (m)	鞋后跟	xié hòu gēn
par (m)	一双	yī shuāng
atacador (m)	鞋带	xié dài

apertar os atacadores	系鞋带	jì xié dài
calçadeira (f)	鞋拔	xié bá
graxa (f) para calçado	鞋油	xié yóu

31. Acessórios pessoais

luvas (f pl)	手套	shǒu tào
mitenes (f pl)	连指手套	lián zhǐ shǒu tào
cachecol (m)	围巾	wéi jīn
óculos (m pl)	眼镜	yǎn jìng
armação (f) de óculos	眼镜框	yǎn jìng kuàng
guarda-chuva (m)	雨伞	yǔ sǎn
bengala (f)	手杖	shǒu zhàng
escova (f) para o cabelo	梳子	shū zi
leque (m)	扇子	shàn zi
gravata (f)	领带	lǐng dài
gravata-borboleta (f)	领结	lǐng jié
suspensórios (m pl)	吊裤带	diào kù dài
lenço (m)	手帕	shǒu pà
pente (m)	梳子	shū zi
travessão (m)	发夹	fà jiā
gancho (m) de cabelo	发针	fà zhēn
fivela (f)	皮带扣	pí dài kòu
cinto (m)	腰带	yāo dài
correia (f)	肩带	jiān dài
mala (f)	包	bāo
mala (f) de senhora	女手提包	nǚ shǒutí bāo
mochila (f)	背包	bēi bāo

32. Vestuário. Diversos

moda (f)	时装	shí zhuāng
na moda	正在流行	zhèng zài liú xíng
estilista (m)	时装设计师	shízhuāng shèjìshī
colarinho (m), gola (f)	衣领，领子	yī lǐng, lǐng zi
bolso (m)	口袋	kǒu dài
de bolso	口袋的	kǒu dài de
manga (f)	袖子	xiù zi
alcinha (f)	挂衣环	guà yī huán
braguilha (f)	前开口	qián kāi kǒu
fecho (m) de correr	拉链	lā liàn
fecho (m), colchete (m)	扣子	kòu zi
botão (m)	纽扣	niǔ kòu
casa (f) de botão	纽扣孔	niǔ kòu kǒng
soltar-se (vr)	掉	diào

coser, costurar (vi)	缝纫	féng rèn
bordar (vt)	绣	xiù
bordado (m)	绣花	xiù huā
agulha (f)	针	zhēn
fio (m)	线	xiàn
costura (f)	线缝	xiàn féng
sujar-se (vr)	弄脏	nòng zāng
mancha (f)	污点，污迹	wū diǎn, wū jì
engelhar-se (vr)	起皱	qǐ zhòu
rasgar (vt)	扯破	chě pò
traça (f)	衣蛾	yī é

33. Cuidados pessoais. Cosméticos

pasta (f) de dentes	牙膏	yá gāo
escova (f) de dentes	牙刷	yá shuā
escovar os dentes	刷牙	shuā yá
máquina (f) de barbear	剃须刀	tì xū dāo
creme (m) de barbear	剃须膏	tì xū gāo
barbear-se (vr)	刮脸	guā liǎn
sabonete (m)	肥皂	féi zào
champô (m)	洗发液	xǐ fā yè
tesoura (f)	剪子，剪刀	jiǎn zi, jiǎndāo
lima (f) de unhas	指甲锉	zhǐ jia cuò
corta-unhas (m)	指甲钳	zhǐ jia qián
pinça (f)	镊子	niè zi
cosméticos (m pl)	化妆品	huà zhuāng pǐn
máscara (f) facial	面膜	miàn mó
manicura (f)	美甲	měi jiǎ
fazer a manicura	修指甲	xiū zhǐ jia
pedicure (f)	足部护理	zú bù hù lǐ
mala (f) de maquilhagem	化妆包	huà zhuāng bāo
pó (m)	粉	fěn
caixa (f) de pó	粉盒	fěn hé
blush (m)	胭脂	yān zhī
perfume (m)	香水	xiāng shuǐ
água (f) de toilette	香水	xiāng shuǐ
loção (f)	润肤液	rùn fū yè
água-de-colónia (f)	古龙水	gǔ lóng shuǐ
sombra (f) de olhos	眼影	yǎn yǐng
lápis (m) delineador	眼线笔	yǎn xiàn bǐ
máscara (f), rímel (m)	睫毛膏	jié máo gāo
batom (m)	口红	kǒu hóng
verniz (m) de unhas	指甲油	zhǐjia yóu
laca (f) para cabelos	喷雾发胶	pēn wù fà jiāo

desodorizante (m)	除臭剂	chú chòu jì
creme (m)	护肤霜	hù fū shuāng
creme (m) de rosto	面霜	miàn shuāng
creme (m) de mãos	护手霜	hù shǒu shuāng
creme (m) antirrugas	抗皱霜	kàng zhòu shuāng
de dia	白天的	bái tiān de
da noite	夜间的	yè jiān de
tampão (m)	卫生棉条	wèi shēng mián tiáo
papel (m) higiénico	卫生纸	wèi shēng zhǐ
secador (m) elétrico	吹风机	chuī fēng jī

34. Relógios de pulso. Relógios

relógio (m) de pulso	手表	shǒu biǎo
mostrador (m)	钟面	zhōng miàn
ponteiro (m)	指针	zhǐ zhēn
bracelete (f) em aço	手表链	shǒu biǎo liàn
bracelete (f) em couro	表带	biǎo dài
pilha (f)	电池	diàn chí
descarregar-se	没电	méi diàn
trocar a pilha	换电池	huàn diàn chí
estar adiantado	快	kuài
estar atrasado	慢	màn
relógio (m) de parede	挂钟	guà zhōng
ampulheta (f)	沙漏	shā lòu
relógio (m) de sol	日规	rì guī
despertador (m)	闹钟	nào zhōng
relojoeiro (m)	钟表匠	zhōng biǎo jiàng
reparar (vt)	修理	xiū lǐ

Alimentação. Nutrição

35. Comida

carne (f)	肉	ròu
galinha (f)	鸡肉	jī ròu
frango (m)	小鸡	xiǎo jī
pato (m)	鸭子	yā zi
ganso (m)	鹅肉	é ròu
caça (f)	猎物	liè wù
peru (m)	火鸡	huǒ jī
carne (f) de porco	猪肉	zhū ròu
carne (f) de vitela	小牛肉	xiǎo niú ròu
carne (f) de carneiro	羊肉	yáng ròu
carne (f) de vaca	牛肉	niú ròu
carne (f) de coelho	兔肉	tù ròu
chouriço, salsichão (m)	香肠	xiāng cháng
salsicha (f)	小灌肠	xiǎo guàn cháng
bacon (m)	腊肉	là ròu
fiambre (f)	火腿	huǒ tuǐ
presunto (m)	熏火腿	xūn huǒ tuǐ
patê (m)	鹅肝酱	é gān jiàng
fígado (m)	肝	gān
carne (f) moída	碎牛肉	suì niú ròu
língua (f)	口条	kǒu tiáo
ovo (m)	鸡蛋	jī dàn
ovos (m pl)	鸡蛋	jī dàn
clara (f) do ovo	蛋白	dàn bái
gema (f) do ovo	蛋黄	dàn huáng
peixe (m)	鱼	yú
mariscos (m pl)	海鲜	hǎi xiān
caviar (m)	鱼子酱	yúzǐ jiàng
caranguejo (m)	螃蟹	páng xiè
camarão (m)	虾，小虾	xiā, xiǎo xiā
ostra (f)	牡蛎	mǔ lì
lagosta (f)	龙虾	lóng xiā
polvo (m)	章鱼	zhāng yú
lula (f)	鱿鱼	yóu yú
esturjão (m)	鲟鱼	xú nyú
salmão (m)	鲑鱼	guī yú
halibute (m)	比目鱼	bǐ mù yú
bacalhau (m)	鳕鱼	xuě yú
cavala, sarda (f)	鲭鱼	qīng yú

atum (m)	金枪鱼	jīn qiāng yú
enguia (f)	鳗鱼，鳝鱼	mán yú, shàn yú
truta (f)	鳟鱼	zūn yú
sardinha (f)	沙丁鱼	shā dīng yú
lúcio (m)	狗鱼	gǒu yú
arenque (m)	鲱鱼	fēi yú
pão (m)	面包	miàn bāo
queijo (m)	奶酪	nǎi lào
açúcar (m)	糖	táng
sal (m)	盐，食盐	yán, shí yán
arroz (m)	米	mǐ
massas (f pl)	通心粉	tōng xīn fěn
talharim (m)	面条	miàn tiáo
manteiga (f)	黄油	huáng yóu
óleo (m) vegetal	植物油	zhí wù yóu
óleo (m) de girassol	向日葵油	xiàng rì kuí yóu
margarina (f)	人造奶油	rénzào nǎi yóu
azeitonas (f pl)	橄榄	gǎn lǎn
azeite (m)	橄榄油	gǎn lǎn yóu
leite (m)	牛奶	niú nǎi
leite (m) condensado	炼乳	liàn rǔ
iogurte (m)	酸奶	suān nǎi
nata (f) azeda	酸奶油	suān nǎi yóu
nata (f) do leite	奶油	nǎi yóu
maionese (f)	蛋黄酱	dàn huáng jiàng
creme (m)	乳脂	rǔ zhī
grãos (m pl) de cereais	谷粒	gǔ lì
farinha (f)	面粉	miàn fěn
enlatados (m pl)	罐头食品	guàn tou shí pǐn
flocos (m pl) de milho	玉米片	yù mǐ piàn
mel (m)	蜂蜜	fēng mì
doce (m)	果冻	guǒ dòng
pastilha (f) elástica	口香糖	kǒu xiāng táng

36. Bebidas

água (f)	水	shuǐ
água (f) potável	饮用水	yǐn yòng shuǐ
água (f) mineral	矿泉水	kuàng quán shuǐ
sem gás	无气的	wú qì de
gaseificada	苏打 …	sū dá …
com gás	汽水	qì shuǐ
gelo (m)	冰	bīng
com gelo	加冰的	jiā bīng de

sem álcool	不含酒精的	bù hán jiǔ jīng de
bebida (f) sem álcool	软性饮料	ruǎn xìng yǐn liào
refresco (m)	清凉饮料	qīng liáng yǐn liào
limonada (f)	柠檬水	níng méng shuǐ
bebidas (f pl) alcoólicas	烈酒	liè jiǔ
licor (m)	甜酒	tián jiǔ
champanhe (m)	香槟	xiāng bīn
vermute (m)	苦艾酒	kǔ ài jiǔ
uísque (m)	威士忌酒	wēi shì jì jiǔ
vodka (f)	伏特加	fú tè jiā
gim (m)	杜松子酒	dù sōng zǐ jiǔ
conhaque (m)	法国白兰地	fǎguó báilándì
rum (m)	朗姆酒	lǎng mǔ jiǔ
café (m)	咖啡	kāfēi
café (m) puro	黑咖啡	hēi kāfēi
café (m) com leite	加牛奶的咖啡	jiāniúnǎide kāfēi
cappuccino (m)	卡布奇诺	kǎ bù jī nuò
café (m) solúvel	速溶咖啡	sùróng kāfēi
leite (m)	牛奶	niú nǎi
coquetel (m)	鸡尾酒	jī wěi jiǔ
batido (m) de leite	奶昔	nǎi xī
sumo (m)	果汁	guǒzhī
sumo (m) de tomate	番茄汁	fān qié zhī
sumo (m) de laranja	橙子汁	chéng zi zhī
sumo (m) fresco	新鲜果汁	xīnxiān guǒzhī
cerveja (f)	啤酒	píjiǔ
cerveja (f) clara	淡啤酒	dàn píjiǔ
cerveja (f) preta	黑啤酒	hēi píjiǔ
chá (m)	茶	chá
chá (m) preto	红茶	hóng chá
chá (m) verde	绿茶	lǜ chá

37. Vegetais

legumes (m pl)	蔬菜	shū cài
verduras (f pl)	青菜	qīng cài
tomate (m)	西红柿	xī hóng shì
pepino (m)	黄瓜	huáng guā
cenoura (f)	胡萝卜	hú luó bo
batata (f)	土豆	tǔ dòu
cebola (f)	洋葱	yáng cōng
alho (m)	大蒜	dà suàn
couve (f)	洋白菜	yáng bái cài
couve-flor (f)	菜花	cài huā
couve-de-bruxelas (f)	球芽甘蓝	qiú yá gān lán

brócolos (m pl)	西蓝花	xī lán huā
beterraba (f)	甜菜	tiáncài
beringela (f)	茄子	qié zi
curgete (f)	西葫芦	xī hú lu
abóbora (f)	南瓜	nán guā
nabo (m)	蔓菁	mán jing
salsa (f)	欧芹	ōu qín
funcho, endro (m)	莳萝	shì luó
alface (f)	生菜，莴苣	shēng cài, wō jù
aipo (m)	芹菜	qín cài
espargo (m)	芦笋	lú sǔn
espinafre (m)	菠菜	bō cài
ervilha (f)	豌豆	wān dòu
fava (f)	豆子	dòu zi
milho (m)	玉米	yù mǐ
feijão (m)	四季豆	sì jì dòu
pimentão (m)	胡椒，辣椒	hú jiāo, là jiāo
rabanete (m)	水萝卜	shuǐ luó bo
alcachofra (f)	朝鲜蓟	cháo xiǎn jì

38. Frutos. Nozes

fruta (f)	水果	shuǐ guǒ
maçã (f)	苹果	píng guǒ
pera (f)	梨	lí
limão (m)	柠檬	níng méng
laranja (f)	橙子	chén zi
morango (m)	草莓	cǎo méi
tangerina (f)	橘子	jú zi
ameixa (f)	李子	lǐ zi
pêssego (m)	桃子	táo zi
damasco (m)	杏子	xìng zi
framboesa (f)	覆盆子	fù pén zi
ananás (m)	菠萝	bō luó
banana (f)	香蕉	xiāng jiāo
melancia (f)	西瓜	xī guā
uva (f)	葡萄	pú tao
ginja (f)	樱桃	yīngtáo
cereja (f)	欧洲甜樱桃	oūzhōu tián yīngtáo
meloa (f)	瓜，甜瓜	guā, tián guā
toranja (f)	葡萄柚	pú tao yòu
abacate (m)	鳄梨	è lí
papaia (f)	木瓜	mù guā
manga (f)	芒果	máng guǒ
romã (f)	石榴	shí liú
groselha (f) vermelha	红醋栗	hóng cù lì
groselha (f) preta	黑醋栗	hēi cù lì

groselha (f) espinhosa	醋栗	cù lì
mirtilo (m)	越橘	yuè jú
amora silvestre (f)	黑莓	hēi méi
uvas (f pl) passas	葡萄干	pútao gān
figo (m)	无花果	wú huā guǒ
tâmara (f)	海枣	hǎi zǎo
amendoim (m)	花生	huā shēng
amêndoa (f)	杏仁	xìng rén
noz (f)	核桃	hé tao
avelã (f)	榛子	zhēn zi
coco (m)	椰子	yē zi
pistáchios (m pl)	开心果	kāi xīn guǒ

39. Pão. Bolaria

pastelaria (f)	油酥面饼	yóu sū miàn bǐng
pão (m)	面包	miàn bāo
bolacha (f)	饼干	bǐng gān
chocolate (m)	巧克力	qiǎo kè lì
de chocolate	巧克力的	qiǎo kè lì de
rebuçado (m)	糖果	táng guǒ
bolo (cupcake, etc.)	小蛋糕	xiǎo dàngāo
bolo (m) de aniversário	蛋糕	dàngāo
tarte (~ de maçã)	大馅饼	dà xiàn bǐng
recheio (m)	馅	xiàn
doce (m)	果酱	guǒ jiàng
geleia (f) de frutas	酸果酱	suān guǒ jiàng
waffle (m)	华夫饼干	huá fū bǐng gān
gelado (m)	冰淇淋	bǐng qí lín

40. Pratos cozinhados

prato (m)	菜	cài
cozinha (~ portuguesa)	菜肴	cài yáo
receita (f)	烹饪法	pēng rèn fǎ
porção (f)	一份	yī fèn
salada (f)	沙拉	shā lā
sopa (f)	汤	tāng
caldo (m)	清汤	qīng tāng
sandes (f)	三明治	sān míng zhì
ovos (m pl) estrelados	煎蛋	jiān dàn
hambúrguer (m)	汉堡	hàn bǎo
bife (m)	牛排	niú pái
conduto (m)	配菜	pèi cài

espaguete (m)	意大利面条	yì dà lì miàn tiáo
puré (m) de batata	土豆泥	tǔ dòu ní
pizza (f)	比萨饼	bǐ sà bǐng
papa (f)	麦片粥	mài piàn zhōu
omelete (f)	鸡蛋饼	jīdàn bǐng
cozido em água	煮熟的	zhǔ shóu de
fumado	熏烤的	xūn kǎo de
frito	油煎的	yóu jiān de
seco	干的	gān de
congelado	冷冻的	lěng dòng de
em conserva	醋渍的	cù zì de
doce (açucarado)	甜的	tián de
salgado	咸的	xián de
frio	冷的	lěng de
quente	烫的	tàng de
amargo	苦的	kǔ de
gostoso	美味的	měi wèi de
cozinhar (em água a ferver)	做饭	zuò fàn
fazer, preparar (vt)	做饭	zuò fàn
fritar (vt)	油煎	yóu jiān
aquecer (vt)	加热	jiā rè
salgar (vt)	加盐	jiā yán
apimentar (vt)	加胡椒	jiā hú jiāo
ralar (vt)	磨碎	mò suì
casca (f)	皮	pí
descascar (vt)	剥皮	bāo pí

41. Especiarias

sal (m)	盐，食盐	yán, shí yán
salgado	含盐的	hán yán de
salgar (vt)	加盐	jiā yán
pimenta (f) preta	黑胡椒	hēi hú jiāo
pimenta (f) vermelha	红辣椒粉	hóng là jiāo fěn
mostarda (f)	芥末	jiè mo
raiz-forte (f)	辣根汁	là gēn zhī
condimento (m)	调味品	diào wèi pǐn
especiaria (f)	香料	xiāng liào
molho (m)	调味汁	tiáo wèi zhī
vinagre (m)	醋	cù
anis (m)	茴芹	huí qín
manjericão (m)	罗勒	luó lè
cravo (m)	丁香	dīng xiāng
gengibre (m)	姜	jiāng
coentro (m)	芫荽	yuán suī
canela (f)	肉桂	ròu guì
sésamo (m)	芝麻	zhī ma

folhas (f pl) de louro	月桂叶	yuè guì yè
páprica (f)	红甜椒粉	hóng tián jiāo fěn
cominho (m)	葛缕子	gélǚ zi
açafrão (m)	番红花	fān hóng huā

42. Refeições

comida (f)	食物	shí wù
comer (vt)	吃	chī
pequeno-almoço (m)	早饭	zǎo fàn
tomar o pequeno-almoço	吃早饭	chī zǎo fàn
almoço (m)	午饭	wǔ fàn
almoçar (vi)	吃午饭	chī wǔ fàn
jantar (m)	晚餐	wǎn cān
jantar (vi)	吃晚饭	chī wǎn fàn
apetite (m)	胃口	wèi kǒu
Bom apetite!	请慢用！	qǐng màn yòng!
abrir (~ uma lata, etc.)	打开	dǎ kāi
derramar (vt)	洒出	sǎ chū
derramar-se (vr)	洒出	sǎ chū
ferver (vi)	煮开	zhǔ kāi
ferver (vt)	烧开	shāo kāi
fervido	煮开过的	zhǔ kāi guò de
arrefecer (vt)	变凉	biàn liáng
arrefecer-se (vr)	变凉	biàn liáng
sabor, gosto (m)	味道	wèi dào
gostinho (m)	回味，余味	huí wèi, yú wèi
fazer dieta	减肥	jiǎn féi
dieta (f)	日常饮食	rì cháng yǐn shí
vitamina (f)	维生素	wéi shēng sù
caloria (f)	卡路里	kǎlùlǐ
vegetariano (m)	素食者	sù shí zhě
vegetariano	素的	sù de
gorduras (f pl)	脂肪	zhī fáng
proteínas (f pl)	蛋白质	dàn bái zhì
carboidratos (m pl)	碳水化合物	tàn shuǐ huà hé wù
fatia (~ de limão, etc.)	一片	yī piàn
pedaço (~ de bolo)	一块	yī kuài
migalha (f)	面包屑	miàn bāo xiè

43. Por a mesa

colher (f)	勺子	sháo zi
faca (f)	刀，刀子	dāo, dāo zi
garfo (m)	叉，餐叉	chā, cān chā

chávena (f)	杯子	bēi zi
prato (m)	盘子	pán zi
pires (m)	碟子	dié zi
guardanapo (m)	餐巾	cān jīn
palito (m)	牙签	yá qiān

44. Restaurante

restaurante (m)	饭馆	fàn guǎn
café (m)	咖啡馆	kāfēi guǎn
bar (m), cervejaria (f)	酒吧	jiǔ bā
salão (m) de chá	茶馆	chá guǎn
empregado (m) de mesa	服务员	fú wù yuán
empregada (f) de mesa	女服务员	nǚ fú wù yuán
barman (m)	酒保	jiǔ bǎo
ementa (f)	菜单	cài dān
lista (f) de vinhos	酒单	jiǔ dān
reservar uma mesa	订桌子	dìng zhuō zi
prato (m)	菜	cài
pedir (vt)	订菜	dìng cài
fazer o pedido	订菜	dìng cài
aperitivo (m)	开胃酒	kāi wèi jiǔ
entrada (f)	开胃菜	kāi wèi cài
sobremesa (f)	甜点心	tián diǎn xīn
conta (f)	账单	zhàng dān
pagar a conta	付账	fù zhàng
dar o troco	找零钱	zhǎo líng qián
gorjeta (f)	小费	xiǎo fèi

Família, parentes e amigos

45. Informação pessoal. Formulários

nome (m)	名字	míng zi
apelido (m)	姓	xìng
data (f) de nascimento	出生日期	chū shēng rì qī
local (m) de nascimento	出生地	chū shēng dì
nacionalidade (f)	国籍	guó jí
lugar (m) de residência	住所地	zhù suǒ dì
país (m)	国家	guó jiā
profissão (f)	职业	zhí yè
sexo (m)	性，性别	xìng, xìngbié
estatura (f)	身高	shēn gāo
peso (m)	重量	zhòng liàng

46. Membros da família. Parentes

mãe (f)	母亲	mǔ qīn
pai (m)	父亲	fù qīn
filho (m)	儿子	ér zi
filha (f)	女儿	nǚ ér
filha (f) mais nova	最小的女儿	zuìxiǎode nǚ ér
filho (m) mais novo	最小的儿子	zuìxiǎode ér zi
filha (f) mais velha	最大的女儿	zuìdàde nǚér
filho (m) mais velho	最大的儿子	zuìdàde ér zi
irmão (m) mais velho	哥哥	gēge
irmão (m) mais novo	弟弟	dìdi
irmã (f) mais velha	姐姐	jiějie
irmã (f) mais nova	妹妹	mèi mei
primo (m)	堂兄弟，表兄弟	tángxiōngdì, biǎoxiōngdì
prima (f)	堂姊妹，表姊妹	tángzǐmèi, biǎozǐmèi
mamã (f)	妈妈	mā ma
papá (m)	爸爸	bàba
pais (pl)	父母	fù mǔ
criança (f)	孩子	hái zi
crianças (f pl)	孩子们	hái zi men
avó (f)	姥姥	lǎo lao
avô (m)	爷爷	yé ye
neto (m)	孙子	sūn zi
neta (f)	孙女	sūn nǚ
netos (pl)	孙子们	sūn zi men

tio (m)	姑爹	gū diē
tia (f)	姑妈	gū mā
sobrinho (m)	侄子	zhí zi
sobrinha (f)	侄女	zhí nǚ
sogra (f)	岳母	yuè mǔ
sogro (m)	公公	gōng gong
genro (m)	女婿	nǚ xu
madrasta (f)	继母	jì mǔ
padrasto (m)	继父	jì fù
criança (f) de colo	婴儿	yīng ér
bebé (m)	婴儿	yīng ér
menino (m)	小孩	xiǎo hái
mulher (f)	妻子	qī zi
marido (m)	老公	lǎo gōng
esposo (m)	配偶	pèi ǒu
esposa (f)	配偶	pèi ǒu
casado	结婚的	jié hūn de
casada	结婚的	jié hūn de
solteiro	独身的	dú shēn de
solteirão (m)	单身汉	dān shēn hàn
divorciado	离婚的	lí hūn de
viúva (f)	寡妇	guǎ fu
viúvo (m)	鳏夫	guān fū
parente (m)	亲戚	qīn qi
parente (m) próximo	近亲	jìn qīn
parente (m) distante	远亲	yuǎn qīn
parentes (m pl)	亲属	qīn shǔ
órfão (m), órfã (f)	孤儿	gū ér
tutor (m)	监护人	jiān hù rén
adotar (um filho)	收养	shōu yǎng
adotar (uma filha)	收养	shōu yǎng

Medicina

47. Doenças

doença (f)	病	bìng
estar doente	生病	shēng bìng
saúde (f)	健康	jiàn kāng
nariz (m) a escorrer	流鼻涕	liú bí tì
amigdalite (f)	扁桃体炎	biǎn táo tǐ yán
constipação (f)	感冒	gǎn mào
constipar-se (vr)	感冒	gǎn mào
bronquite (f)	支气管炎	zhī qì guǎn yán
pneumonia (f)	肺炎	fèi yán
gripe (f)	流感	liú gǎn
míope	近视的	jìn shì de
presbita	远视的	yuǎn shì de
estrabismo (m)	斜眼	xié yǎn
estrábico	对眼的	duì yǎn de
catarata (f)	白内障	bái nèi zhàng
glaucoma (m)	青光眼	qīng guāng gyǎn
AVC (m), apoplexia (f)	中风	zhòng fēng
ataque (m) cardíaco	梗塞	gěng sè
enfarte (m) do miocárdio	心肌梗塞	xīn jī gěng sè
paralisia (f)	麻痹	má bì
paralisar (vt)	使 ⋯ 麻痹	shǐ … má bì
alergia (f)	过敏	guò mǐn
asma (f)	哮喘	xiāo chuǎn
diabetes (f)	糖尿病	táng niào bìng
dor (f) de dentes	牙痛	yá tòng
cárie (f)	龋齿	qǔ chǐ
diarreia (f)	腹泻	fù xiè
prisão (f) de ventre	便秘	biàn bì
desarranjo (m) intestinal	饮食失调	yǐn shí shī tiáo
intoxicação (f) alimentar	食物中毒	shí wù zhòng dú
intoxicar-se	中毒	zhòng dú
artrite (f)	关节炎	guān jié yán
raquitismo (m)	佝偻病	kòu lóu bìng
reumatismo (m)	风湿	fēng shī
arteriosclerose (f)	动脉粥样硬化	dòng mài zhōu yàng yìng huà
gastrite (f)	胃炎	wèi yán
apendicite (f)	阑尾炎	lán wěi yán

colecistite (f)	胆囊炎	dǎn nán gyán
úlcera (f)	溃疡	kuì yáng
sarampo (m)	麻疹	má zhěn
rubéola (f)	风疹	fēng zhěn
iterícia (f)	黄疸	huáng dǎn
hepatite (f)	肝炎	gān yán
esquizofrenia (f)	精神分裂症	jīngshen fēnliè zhèng
raiva (f)	狂犬病	kuáng quǎn bìng
neurose (f)	神经症	shén jīng zhèng
comoção (f) cerebral	脑震荡	nǎo zhèn dàng
cancro (m)	癌症	ái zhèng
esclerose (f)	硬化	yìng huà
esclerose (f) múltipla	多发性硬化症	duō fā xìng yìng huà zhèng
alcoolismo (m)	酗酒	xù jiǔ
alcoólico (m)	酗酒者	xù jiǔ zhě
sífilis (f)	梅毒	méi dú
SIDA (f)	艾滋病	ài zī bìng
tumor (m)	肿瘤	zhǒng liú
febre (f)	发烧	fā shāo
malária (f)	疟疾	nuè ji
gangrena (f)	坏疽	huài jū
enjoo (m)	晕船	yùn chuán
epilepsia (f)	癫痫	diān xián
epidemia (f)	流行病	liú xíng bìng
tifo (m)	斑疹伤寒	bān zhěn shāng hán
tuberculose (f)	结核病	jié hé bìng
cólera (f)	霍乱	huò luàn
peste (f)	瘟疫	wēn yì

48. Sintomas. Tratamentos. Parte 1

sintoma (m)	症状	zhèng zhuàng
temperatura (f)	体温	tǐ wēn
febre (f)	发热	fā rè
pulso (m)	脉搏	mài bó
vertigem (f)	眩晕	xuàn yùn
quente (testa, etc.)	热	rè
calafrio (m)	颤抖	chàn dǒu
pálido	苍白的	cāng bái de
tosse (f)	咳嗽	ké sou
tossir (vi)	咳，咳嗽	ké, ké sou
espirrar (vi)	打喷嚏	dǎ pēn tì
desmaio (m)	晕倒	yūn dǎo
desmaiar (vi)	晕倒	yūn dǎo
nódoa (f) negra	青伤痕	qīng shāng hén
galo (m)	包	bāo

magoar-se (vr)	擦伤	cā shāng
pisadura (f)	擦伤	cā shāng
aleijar-se (vr)	瘀伤	yū shāng
coxear (vi)	跛行	bǒ xíng
deslocação (f)	脱位	tuō wèi
deslocar (vt)	使 … 脱位	shǐ … tuō wèi
fratura (f)	骨折	gǔ zhé
fraturar (vt)	弄骨折	nòng gǔzhé
corte (m)	伤口	shāng kǒu
cortar-se (vr)	割破	gē pò
hemorragia (f)	流血	liú xuè
queimadura (f)	烧伤	shāo shāng
queimar-se (vr)	烧伤	shāo shāng
picar (vt)	扎破	zhā pò
picar-se (vr)	扎伤	zhā shāng
lesionar (vt)	损伤	sǔn shāng
lesão (m)	损伤	sǔn shāng
ferida (f), ferimento (m)	伤口	shāng kǒu
trauma (m)	外伤	wài shāng
delirar (vi)	说胡话	shuō hú huà
gaguejar (vi)	口吃	kǒu chī
insolação (f)	中暑	zhòng shǔ

49. Sintomas. Tratamentos. Parte 2

dor (f)	痛	tòng
farpa (no dedo)	木刺	mù cì
suor (m)	汗	hàn
suar (vi)	出汗	chū hàn
vómito (m)	呕吐	ǒu tù
convulsões (f pl)	抽搐	chōu chù
grávida	怀孕的	huái yùn de
nascer (vi)	出生	chū shēng
parto (m)	生产，分娩	shēngchǎn, fēnmiǎn
dar à luz	生，分娩	shēng, fēnmiǎn
aborto (m)	人工流产	rén gōng liú chǎn
respiração (f)	呼吸	hū xī
inspiração (f)	吸	xī
expiração (f)	呼气	hū qì
expirar (vi)	呼出	hū chū
inspirar (vi)	吸入	xī rù
inválido (m)	残疾人	cán jí rén
aleijado (m)	残疾人	cán jí rén
toxicodependente (m)	吸毒者	xī dú zhě
surdo	聋的	lóng de

mudo	哑的	yǎ de
surdo-mudo	聋哑的	lóng yǎ de
louco (adj.)	精神失常的	jīngshen shī cháng de
louco (m)	疯子	fēng zi
louca (f)	疯子	fēng zi
ficar louco	发疯	fā fēng
gene (m)	基因	jī yīn
imunidade (f)	免疫力	miǎn yì lì
hereditário	遗传的	yí chuán de
congénito	天生的	tiān shēng de
vírus (m)	病毒	bìng dú
micróbio (m)	微生物	wēi shēng wù
bactéria (f)	细菌	xì jūn
infeção (f)	传染	chuán rǎn

50. Sintomas. Tratamentos. Parte 3

hospital (m)	医院	yī yuàn
paciente (m)	病人	bìng rén
diagnóstico (m)	诊断	zhěn duàn
cura (f)	治疗	zhì liáo
tratamento (m) médico	治疗	zhì liáo
curar-se (vr)	治病	zhì bìng
tratar (vt)	治疗	zhì liáo
cuidar (pessoa)	看护	kān hù
cuidados (m pl)	护理	hùlǐ
operação (f)	手术	shǒu shù
enfaixar (vt)	用绷带包扎	yòng bēngdài bāozā
enfaixamento (m)	绷带法	bēngdài fǎ
vacinação (f)	疫苗	yìmiáo
vacinar (vt)	给 … 接种疫苗	gěi … jiē zhòng yì miáo
injeção (f)	注射	zhù shè
dar uma injeção	打针	dǎ zhēn
ataque (~ de asma, etc.)	发作	fāzuò
amputação (f)	截肢	jié zhī
amputar (vt)	截肢	jié zhī
coma (f)	昏迷	hūn mí
estar em coma	昏迷	hūn mí
reanimação (f)	重症监护室	zhòng zhēng jiān hù shì
recuperar-se (vr)	复原	fù yuán
estado (~ de saúde)	状态	zhuàng tài
consciência (f)	知觉	zhī jué
memória (f)	记忆力	jì yì lì
tirar (vt)	拔牙	bá yá
chumbo (m), obturação (f)	补牙	bǔ yá

chumbar, obturar (vt)	补牙	bǔ yá
hipnose (f)	催眠	cuī mián
hipnotizar (vt)	催眠	cuī mián

51. Médicos

médico (m)	医生	yīshēng
enfermeira (f)	护士	hù shi
médico (m) pessoal	私人医生	sī rén yīshēng
dentista (m)	牙科医生	yá kē yīshēng
oculista (m)	眼科医生	yǎn kē yīshēng
terapeuta (m)	内科医生	nèi kē yīshēng
cirurgião (m)	外科医生	wài kē yīshēng
psiquiatra (m)	精神病医生	jīng shén bìng yīshēng
pediatra (m)	儿科医生	ér kē yīshēng
psicólogo (m)	心理学家	xīn lǐ xué jiā
ginecologista (m)	妇科医生	fù kē yīshēng
cardiologista (m)	心脏病专家	xīn zàng bìng zhuān jiā

52. Medicina. Drogas. Acessórios

medicamento (m)	药	yào
remédio (m)	药剂	yào jì
receitar (vt)	开药方	kāi yào fāng
receita (f)	药方	yào fāng
comprimido (m)	药片	yào piàn
pomada (f)	药膏	yào gāo
ampola (f)	安瓿	ān bù
preparado (m)	药水	yào shuǐ
xarope (m)	糖浆	táng jiāng
cápsula (f)	药丸	yào wán
remédio (m) em pó	药粉	yào fěn
ligadura (f)	绷带	bēngdài
algodão (m)	药棉	yào mián
iodo (m)	碘酒	diǎn jiǔ
penso (m) rápido	橡皮膏	xiàng pí gāo
conta-gotas (m)	滴管	dī guǎn
termómetro (m)	体温表	tǐ wēn biǎo
seringa (f)	注射器	zhù shè qì
cadeira (f) de rodas	轮椅	lú nyǐ
muletas (f pl)	拐杖	guǎi zhàng
analgésico (m)	止痛药	zhǐ tòng yào
laxante (m)	泻药	xiè yào
álcool (m) etílico	酒精	jiǔ jīng
ervas (f pl) medicinais	药草	yào cǎo
de ervas (chá ~)	草药的	cǎo yào de

HABITAT HUMANO

Cidade

53. Cidade. Vida na cidade

cidade (f)	城市	chéng shì
capital (f)	首都	shǒu dū
aldeia (f)	村庄	cūn zhuāng
mapa (m) da cidade	城市地图	chéng shì dìtú
centro (m) da cidade	城市中心	chéng shì zhōngxīn
subúrbio (m)	郊区	jiāo qū
suburbano	郊区的	jiāo qū de
periferia (f)	郊区	jiāo qū
arredores (m pl)	周围地区	zhōuwéi dì qū
quarteirão (m)	街区	jiē qū
quarteirão (m) residencial	住宅区	zhù zhái qū
tráfego (m)	交通	jiāo tōng
semáforo (m)	红绿灯	hóng lǜ dēng
transporte (m) público	公共交通	gōng gòng jiāo tōng
cruzamento (m)	十字路口	shí zì lù kǒu
passadeira (f)	人行横道	rén xíng héng dào
passagem (f) subterrânea	人行地道	rén xíng dìdào
cruzar, atravessar (vt)	穿马路	chuān mǎ lù
peão (m)	行人	xíng rén
passeio (m)	人行道	rén xíng dào
ponte (f)	桥	qiáo
margem (f) do rio	堤岸	dī àn
fonte (f)	喷泉	pēn quán
alameda (f)	小巷	xiǎo xiàng
parque (m)	公园	gōng yuán
bulevar (m)	林荫大道	lín yìn dàdào
praça (f)	广场	guǎng chǎng
avenida (f)	大街	dàjiē
rua (f)	路	lù
travessa (f)	胡同	hú tòng
beco (m) sem saída	死胡同	sǐ hú tòng
casa (f)	房子	fáng zi
edifício, prédio (m)	楼房，大厦	lóufáng, dàshà
arranha-céus (m)	摩天大楼	mó tiān dà lóu
fachada (f)	正面	zhèng miàn
telhado (m)	房顶	fáng dǐng

janela (f)	窗户	chuāng hu
arco (m)	拱门	gǒng mén
coluna (f)	柱	zhù
esquina (f)	拐角	guǎi jiǎo
montra (f)	商店橱窗	shāng diàn chú chuāng
letreiro (m)	招牌	zhāo pái
cartaz (m)	海报	hǎi bào
cartaz (m) publicitário	广告画	guǎnggào huà
painel (m) publicitário	广告牌	guǎnggào pái
lixo (m)	垃圾	lā jī
cesta (f) do lixo	垃圾桶	lā jī tǒng
jogar lixo na rua	乱扔	luàn rēng
aterro (m) sanitário	垃圾堆	lājī duī
cabine (f) telefónica	电话亭	diàn huà tíng
candeeiro (m) de rua	路灯	lù dēng
banco (m)	长椅	chángyǐ
polícia (m)	警察	jǐng chá
polícia (instituição)	警察	jǐng chá
mendigo (m)	乞丐	qǐgài

54. Instituições urbanas

loja (f)	商店	shāng diàn
farmácia (f)	药房	yào fáng
ótica (f)	眼镜店	yǎn jìng diàn
centro (m) comercial	百货商店	bǎihuò shāngdiàn
supermercado (m)	超市	chāo shì
padaria (f)	面包店	miànbāo diàn
padeiro (m)	面包师	miànbāo shī
pastelaria (f)	糖果店	tángguǒ diàn
talho (m)	肉铺	ròu pù
loja (f) de legumes	水果店	shuǐ guǒ diàn
mercado (m)	市场	shì chǎng
café (m)	咖啡馆	kāfēi guǎn
restaurante (m)	饭馆	fàn guǎn
bar (m), cervejaria (f)	酒吧	jiǔ bā
pizzaria (f)	比萨饼店	bǐ sà bǐng diàn
salão (m) de cabeleireiro	理发店	lǐ fà diàn
correios (m pl)	邮局	yóu jú
lavandaria (f)	干洗店	gān xǐ diàn
estúdio (m) fotográfico	照相馆	zhào xiàng guǎn
sapataria (f)	鞋店	xié diàn
livraria (f)	书店	shū diàn
loja (f) de artigos de desporto	体育用品店	tǐ yù yòng pǐn diàn
reparação (f) de roupa	修衣服店	xiū yī fu diàn

aluguer (m) de roupa	服装出租	fú zhuāng chū zū
aluguer (m) de filmes	DVD出租店	diwidi chūzūdiàn
circo (m)	马戏团	mǎ xì tuán
jardim (m) zoológico	动物园	dòng wù yuán
cinema (m)	电影院	diànyǐng yuàn
museu (m)	博物馆	bó wù guǎn
biblioteca (f)	图书馆	tú shū guǎn
teatro (m)	剧院	jù yuàn
ópera (f)	歌剧院	gē jù yuàn
clube (m) noturno	夜总会	yè zǒng huì
casino (m)	赌场	dǔ chǎng
mesquita (f)	清真寺	qīng zhēn sì
sinagoga (f)	犹太教堂	yóu tài jiào táng
catedral (f)	大教堂	dà jiào táng
templo (m)	庙宇，教堂	miào yǔ, jiào táng
igreja (f)	教堂	jiào táng
instituto (m)	学院	xué yuàn
universidade (f)	大学	dà xué
escola (f)	学校	xué xiào
câmara (f) municipal	市政厅	shì zhèng tīng
hotel (m)	酒店	jiǔ diàn
banco (m)	银行	yín háng
embaixada (f)	大使馆	dà shǐ guǎn
agência (f) de viagens	旅行社	lǚ xíng shè
agência (f) de informações	问询处	wèn xún chù
casa (f) de câmbio	货币兑换处	huòbì duì huàn chù
metro (m)	地铁	dì tiě
hospital (m)	医院	yī yuàn
posto (m) de gasolina	加油站	jiā yóu zhàn
parque (m) de estacionamento	停车场	tíng chē cháng

55. Sinais

letreiro (m)	招牌	zhāo pái
inscrição (f)	题词	tí cí
cartaz, póster (m)	宣传画	xuān chuán huà
sinal (m) informativo	指路标志	zhǐ lù biāo zhì
seta (f)	箭头	jiàn tóu
aviso (advertência)	警告	jǐng gào
sinal (m) de aviso	警告	jǐng gào
avisar, advertir (vt)	警告	jǐng gào
dia (m) de folga	休假日	xiū jià rì
horário (m)	时刻表	shí kè biǎo
horário (m) de funcionamento	营业时间	yíng yè shí jiān

BEM-VINDOS!	欢迎光临	huān yíng guāng lín
ENTRADA	入口	rù kǒu
SAÍDA	出口	chū kǒu
EMPURRE	推	tuī
PUXE	拉	lā
ABERTO	开门	kāi mén
FECHADO	关门	guān mén
MULHER	女洗手间	nǚ xǐshǒujiān
HOMEM	男洗手间	nán xǐshǒujiān
DESCONTOS	折扣	zhé kòu
SALDOS	销售	xiāoshòu
NOVIDADE!	新品!	xīnpǐn!
GRÁTIS	免费	miǎn fèi
ATENÇÃO!	请注意	qǐng zhù yì
NÃO HÁ VAGAS	客满	kè mǎn
RESERVADO	留座	liú zuò
ADMINISTRAÇÃO	高层管理者	gāocéng guǎnlǐ zhě
SOMENTE PESSOAL AUTORIZADO	仅限员工通行	jǐn xiàn yuángōng tōngxíng
CUIDADO CÃO FEROZ	当心狗!	dāng xīn gǒu!
PROIBIDO FUMAR!	禁止吸烟	jìnzhǐ xīyān
NÃO TOCAR	禁止触摸	jìn zhǐ chù mō
PERIGOSO	危险	wēi xiǎn
PERIGO	危险	wēi xiǎn
ALTA TENSÃO	高压危险	gāo yā wēi xiǎn
PROIBIDO NADAR	禁止游泳	jìnzhǐ yóuyǒng
AVARIADO	故障中	gù zhàng zhōng
INFLAMÁVEL	易燃物质	yì rán wù zhì
PROIBIDO	禁止	jìn zhǐ
ENTRADA PROIBIDA	禁止通行	jìnzhǐ tōng xíng
CUIDADO TINTA FRESCA	油漆未干	yóu qī wèi gān

56. Transportes urbanos

autocarro (m)	公共汽车	gōnggòng qìchē
elétrico (m)	电车	diànchē
troleicarro (m)	无轨电车	wúguǐ diànchē
itinerário (m)	路线	lù xiàn
número (m)	号	hào
ir de ... (carro, etc.)	... 去	... qù
entrar (~ no autocarro)	上车	shàng chē
descer de ...	下车	xià chē
paragem (f)	车站	chē zhàn
próxima paragem (f)	下一站	xià yī zhàn

ponto (m) final	终点站	zhōng diǎn zhàn
horário (m)	时刻表	shí kè biǎo
esperar (vt)	等	děng
bilhete (m)	票	piào
custo (m) do bilhete	票价	piào jià
bilheteiro (m)	出纳	chū nà
controlo (m) dos bilhetes	查验车票	chá yàn chē piào
revisor (m)	售票员	shòu piào yuán
atrasar-se (vr)	误点	wù diǎn
perder (o autocarro, etc.)	未赶上	wèi gǎn shàng
estar com pressa	急忙	jí máng
táxi (m)	出租车	chūzūchē
taxista (m)	出租车司机	chūzūchē sī jī
de táxi (ir ~)	乘出租车	chéng chūzūchē
praça (f) de táxis	出租车站	chūzūchē zhàn
chamar um táxi	叫计程车	jiào jì chéng chē
apanhar um táxi	乘出租车	chéng chūzūchē
tráfego (m)	交通	jiāo tōng
engarrafamento (m)	堵车	dǔ chē
horas (f pl) de ponta	高峰 时间	gāo fēng shí jiān
estacionar (vi)	停放	tíng fàng
estacionar (vt)	停放	tíng fàng
parque (m) de estacionamento	停车场	tíng chē cháng
metro (m)	地铁	dì tiě
estação (f)	站	zhàn
ir de metro	坐地铁	zuò dì tiě
comboio (m)	火车	huǒ chē
estação (f)	火车站	huǒ chē zhàn

57. Turismo

monumento (m)	纪念像	jì niàn xiàng
fortaleza (f)	堡垒	bǎo lěi
palácio (m)	宫殿	gōng diàn
castelo (m)	城堡	chéng bǎo
torre (f)	塔	tǎ
mausoléu (m)	陵墓	líng mù
arquitetura (f)	建筑	jiàn zhù
medieval	中世纪的	zhōng shì jì de
antigo	古老的	gǔ lǎo de
nacional	国家，国民	guó jiā, guó mín
conhecido	有名的	yǒu míng de
turista (m)	旅行者	lǚ xíng zhě
guia (pessoa)	导游	dǎo yóu
excursão (f)	游览	yóu lǎn
mostrar (vt)	把 … 给 … 看	bǎ … gěi … kàn

contar (vt)	讲	jiǎng
encontrar (vt)	找到	zhǎo dào
perder-se (vr)	迷路	mí lù
mapa (~ do metrô)	地图	dì tú
mapa (~ da cidade)	地图	dì tú
lembrança (f), presente (m)	纪念品	jì niàn pǐn
loja (f) de presentes	礼品店	lǐ pǐn diàn
fotografar (vt)	拍照	pāi zhào
fotografar-se	拍照	pāi zhào

58. Compras

comprar (vt)	买，购买	mǎi, gòu mǎi
compra (f)	购买	gòu mǎi
fazer compras	去买东西	qù mǎi dōng xi
compras (f pl)	购物	gòu wù
estar aberta (loja, etc.)	营业	yíng yè
estar fechada	关门	guān mén
calçado (m)	鞋类	xié lèi
roupa (f)	服装	fú zhuāng
cosméticos (m pl)	化妆品	huà zhuāng pǐn
alimentos (m pl)	食品	shí pǐn
presente (m)	礼物	lǐ wù
vendedor (m)	售货员	shòu huò yuán
vendedora (f)	女售货员	nǚ shòuhuò yuán
caixa (f)	收银台	shōu yín tái
espelho (m)	镜子	jìng zi
balcão (m)	柜台	guì tái
cabine (f) de provas	试衣间	shì yī jiān
provar (vt)	试穿	shì chuān
servir (vi)	合适	hé shì
gostar (apreciar)	喜欢	xǐ huan
preço (m)	价格	jià gé
etiqueta (f) de preço	价格标签	jià gé biāo qiān
custar (vt)	价钱为	jià qian wèi
Quanto?	多少钱？	duōshao qián?
desconto (m)	折扣	zhé kòu
não caro	不贵的	bù guì de
barato	便宜的	pián yi de
caro	贵的	guì de
É caro	这个太贵	zhège tàiguì
aluguer (m)	出租	chū zū
alugar (vestidos, etc.)	租用	zū yòng
crédito (m)	赊购	shē gòu
a crédito	赊欠	shē qiàn

59. Dinheiro

dinheiro (m)	钱，货币	qián, huòbì
câmbio (m)	兑换	duì huàn
taxa (f) de câmbio	汇率	huì lǜ
Caixa Multibanco (m)	自动取款机	zì dòng qǔ kuǎn jī
moeda (f)	硬币	yìngbì
dólar (m)	美元	měi yuán
euro (m)	欧元	ōu yuán
lira (f)	里拉	lǐ lā
marco (m)	德国马克	dé guó mǎ kè
franco (m)	法郎	fǎ láng
libra (f) esterlina	英镑	yīng bàng
iene (m)	日元	rì yuán
dívida (f)	债务	zhài wù
devedor (m)	债务人	zhài wù rén
emprestar (vt)	借给	jiè gěi
pedir emprestado	借	jiè
banco (m)	银行	yín háng
conta (f)	账户	zhànghù
depositar na conta	存款	cún kuǎn
levantar (vt)	提取	tí qǔ
cartão (m) de crédito	信用卡	xìn yòng kǎ
dinheiro (m) vivo	现金	xiàn jīn
cheque (m)	支票	zhī piào
passar um cheque	开支票	kāi zhī piào
livro (m) de cheques	支票本	zhīpiào běn
carteira (f)	钱包	qián bāo
porta-moedas (m)	零钱包	líng qián bāo
cofre (m)	保险柜	bǎo xiǎn guì
herdeiro (m)	继承人	jì chéng rén
herança (f)	遗产	yí chǎn
fortuna (riqueza)	财产，财富	cáichǎn, cáifù
arrendamento (m)	租赁	zū lìn
renda (f) de casa	租金	zū jīn
alugar (vt)	租房	zū fáng
preço (m)	价格	jià gé
custo (m)	价钱	jià qian
soma (f)	金额	jīn é
gastar (vt)	花	huā
gastos (m pl)	花费	huā fèi
economizar (vi)	节省	jié shěng
económico	节约的	jié yuē de
pagar (vt)	付，支付	fù, zhī fù
pagamento (m)	酬金	chóu jīn

troco (m)	零钱	líng qián
imposto (m)	税，税款	shuì, shuì kuǎn
multa (f)	罚款	fá kuǎn
multar (vt)	罚款	fá kuǎn

60. Correios. Serviço postal

correios (m pl)	邮局	yóu jú
correio (m)	邮件	yóu jiàn
carteiro (m)	邮递员	yóu dì yuán
horário (m)	营业时间	yíng yè shí jiān
carta (f)	信，信函	xìn, xìn hán
carta (f) registada	挂号信	guà hào xìn
postal (m)	明信片	míng xìn piàn
telegrama (m)	电报	diàn bào
encomenda (f) postal	包裹，邮包	bāo guǒ, yóu bāo
remessa (f) de dinheiro	汇款资讯	huì kuǎn zī xùn
receber (vt)	收到	shōu dào
enviar (vt)	寄	jì
envio (m)	发信	fā xìn
endereço (m)	地址	dì zhǐ
código (m) postal	邮编	yóu biān
remetente (m)	发信人	fā xìn rén
destinatário (m)	收信人	shōu xìn rén
nome (m)	名字	míng zi
apelido (m)	姓	xìng
tarifa (f)	费率	fèi lǜ
ordinário	普通	pǔ tōng
económico	经济的	jīng jì de
peso (m)	重量	zhòng liàng
pesar (estabelecer o peso)	称重	chēng zhòng
envelope (m)	信封	xìn fēng
selo (m)	邮票	yóu piào

Moradia. Casa. Lar

61. Casa. Eletricidade

eletricidade (f)	电	diàn
lâmpada (f)	灯泡	dēng pào
interruptor (m)	开关	kāi guān
fusível (m)	保险丝	bǎo xiǎn sī
fio, cabo (m)	电线	diàn xiàn
instalação (f) elétrica	电气配线	diàn qì pèi xiàn
contador (m) de eletricidade	电表	diàn biǎo
indicação (f), registo (m)	读数	dú shù

62. Moradia. Mansão

casa (f) de campo	乡间别墅	xiāng jiān bié shù
vila (f)	别墅	bié shù
ala (~ do edifício)	侧屋	cè wū
jardim (m)	花园	huā yuán
parque (m)	公园	gōng yuán
estufa (f)	温室	wēn shì
cuidar de …	照料	zhào liào
piscina (f)	游泳池	yóu yǒng chí
ginásio (m)	健身室	jiàn shēn shì
campo (m) de ténis	网球场	wǎng qiú chǎng
cinema (m)	家庭影院	jiātíng yǐngyuàn
garagem (f)	车库	chē kù
propriedade (f) privada	私有 财产	sī yǒu cái chǎn
terreno (m) privado	私人土地	sī rén tǔ dì
advertência (f)	警告	jǐng gào
sinal (m) de aviso	警告牌子	jǐng gào pái zi
guarda (f)	安保	ān bǎo
guarda (m)	安保员	ān bǎo yuán
alarme (m)	防盗报警器	fáng dào bào jǐng qì

63. Apartamento

apartamento (m)	公寓	gōng yù
quarto (m)	房间	fáng jiān
quarto (m) de dormir	卧室	wòshì

sala (f) de jantar	餐厅	cān tīng
sala (f) de estar	客厅	kè tīng
escritório (m)	书房	shū fáng

antessala (f)	入口空间	rù kǒu kōng jiān
quarto (m) de banho	浴室	yù shì
toilette (lavabo)	卫生间	wèi shēng jiān

teto (m)	天花板	tiān huā bǎn
chão, soalho (m)	地板	dì bǎn
canto (m)	墙角	qiáng jiǎo

64. Mobiliário. Interior

mobiliário (m)	家具	jiā jù
mesa (f)	桌子	zhuō zi
cadeira (f)	椅子	yǐ zi
cama (f)	床	chuáng

| divã (m) | 沙发 | shā fā |
| cadeirão (m) | 扶手椅 | fú shǒu yǐ |

| estante (f) | 书橱 | shū chú |
| prateleira (f) | 书架 | shū jià |

guarda-vestidos (m)	衣柜	yī guì
cabide (m) de parede	墙衣帽架	qiáng yī mào jià
cabide (m) de pé	衣帽架	yī mào jià

| cómoda (f) | 五斗柜 | wǔ dǒu guì |
| mesinha (f) de centro | 茶几 | chá jī |

espelho (m)	镜子	jìng zi
tapete (m)	地毯	dìtǎn
tapete (m) pequeno	小地毯	xiāo dìtǎn

lareira (f)	壁炉	bì lú
vela (f)	蜡烛	là zhú
castiçal (m)	烛台	zhútái

cortinas (f pl)	窗帘	chuāng lián
papel (m) de parede	墙纸	qiáng zhǐ
estores (f pl)	百叶窗	bǎi yè chuāng

| candeeiro (m) de mesa | 台灯 | tái dēng |
| candeeiro (m) de parede | 灯 | dēng |

| candeeiro (m) de pé | 落地灯 | luò dì dēng |
| lustre (m) | 枝形吊灯 | zhī xíng diào dēng |

pé (de mesa, etc.)	腿	tuǐ
braço (m)	扶手	fú shou
costas (f pl)	靠背	kào bèi
gaveta (f)	抽屉	chōu tì

65. Quarto de dormir

roupa (f) de cama	铺盖	pū gài
almofada (f)	枕头	zhěn tou
fronha (f)	枕套	zhěn tào
cobertor (m)	羽绒被	yǔ róng bèi
lençol (m)	床单	chuáng dān
colcha (f)	床罩	chuáng zhào

66. Cozinha

cozinha (f)	厨房	chú fáng
gás (m)	煤气	méi qì
fogão (m) a gás	煤气炉	méi qì lú
fogão (m) elétrico	电炉	diàn lú
forno (m)	烤箱	kǎo xiāng
forno (m) de micro-ondas	微波炉	wēi bō lú
frigorífico (m)	冰箱	bīng xiāng
congelador (m)	冷冻室	lěng dòng shì
máquina (f) de lavar louça	洗碗机	xǐ wǎn jī
moedor (m) de carne	绞肉机	jiǎo ròu jī
espremedor (m)	榨汁机	zhà zhī jī
torradeira (f)	烤面包机	kǎo miàn bāo jī
batedeira (f)	搅拌机	jiǎo bàn jī
máquina (f) de café	咖啡机	kāfēi jī
cafeteira (f)	咖啡壶	kāfēi hú
moinho (m) de café	咖啡研磨器	kāfēi yánmóqì
chaleira (f)	开水壶	kāi shuǐ hú
bule (m)	茶壶	chá hú
tampa (f)	盖子	gài zi
coador (m) de chá	滤茶器	lǜ chá qì
colher (f)	匙子	chá zi
colher (f) de chá	茶匙	chá chí
colher (f) de sopa	汤匙	tāng chí
garfo (m)	叉，餐叉	chā, cān chā
faca (f)	刀，刀子	dāo, dāo zi
louça (f)	餐具	cān jù
prato (m)	盘子	pán zi
pires (m)	碟子	dié zi
cálice (m)	小酒杯	xiǎo jiǔ bēi
copo (m)	杯子	bēi zi
chávena (f)	杯子	bēi zi
açucareiro (m)	糖碗	táng wǎn
saleiro (m)	盐瓶	yán píng
pimenteiro (m)	胡椒瓶	hú jiāo píng

manteigueira (f)	黄油碟	huáng yóu dié
panela, caçarola (f)	炖锅	dùn guō
frigideira (f)	煎锅	jiān guō
concha (f)	长柄勺	cháng bǐng sháo
passador (m)	漏勺	lòu sháo
bandeja (f)	托盘	tuō pán
garrafa (f)	瓶子	píng zi
boião (m) de vidro	玻璃罐	bōli guàn
lata (f)	罐头	guàn tou
abre-garrafas (m)	瓶起子	píng qǐ zi
abre-latas (m)	开罐器	kāi guàn qì
saca-rolhas (m)	螺旋 拔塞器	luóxuán básāiqì
filtro (m)	滤器	lǜ qì
filtrar (vt)	过滤	guò lǜ
lixo (m)	垃圾	lā jī
balde (m) do lixo	垃圾桶	lā jī tǒng

67. Casa de banho

quarto (m) de banho	浴室	yù shì
água (f)	水	shuǐ
torneira (f)	水龙头	shuǐ lóng tóu
água (f) quente	热水	rè shuǐ
água (f) fria	冷水	lěng shuǐ
pasta (f) de dentes	牙膏	yá gāo
escovar os dentes	刷牙	shuā yá
barbear-se (vr)	剃须	tì xū
espuma (f) de barbear	剃须泡沫	tì xū pào mò
máquina (f) de barbear	剃须刀	tì xū dāo
lavar (vt)	洗	xǐ
lavar-se (vr)	洗澡	xǐ zǎo
duche (m)	淋浴	lín yù
tomar um duche	洗淋浴	xǐ lín yù
banheira (f)	浴缸	yù gāng
sanita (f)	抽水马桶	chōu shuǐ mǎ tǒng
lavatório (m)	水槽	shuǐ cáo
sabonete (m)	肥皂	féi zào
saboneteira (f)	肥皂盒	féi zào hé
esponja (f)	清洁绵	qīng jié mián
champô (m)	洗发液	xǐ fā yè
toalha (f)	毛巾, 浴巾	máo jīn, yù jīn
roupão (m) de banho	浴衣	yù yī
lavagem (f)	洗衣	xǐ yī
máquina (f) de lavar	洗衣机	xǐ yī jī

lavar a roupa	洗衣服	xǐ yī fu
detergente (m)	洗衣粉	xǐ yī fěn

68. Eletrodomésticos

televisor (m)	电视机	diàn shì jī
gravador (m)	录音机	lù yīn jī
videogravador (m)	录像机	lù xiàng jī
rádio (m)	收音机	shōu yīn jī
leitor (m)	播放器	bō fàng qì
projetor (m)	投影器	tóu yǐng qì
cinema (m) em casa	家庭影院系统	jiā tíng yǐng yuàn xì tǒng
leitor (m) de DVD	DVD 播放机	diwidi bōfàngjī
amplificador (m)	放大器	fàng dà qì
console (f) de jogos	电子游戏机	diànzǐ yóuxìjī
câmara (f) de vídeo	摄像机	shè xiàng jī
máquina (f) fotográfica	照相机	zhào xiàng jī
câmara (f) digital	数码相机	shù mǎ xiàng jī
aspirador (m)	吸尘器	xī chén qì
ferro (m) de engomar	熨斗	yùn dǒu
tábua (f) de engomar	熨衣板	yùn yī bǎn
telefone (m)	电话	diàn huà
telemóvel (m)	手机	shǒu jī
máquina (f) de escrever	打字机	dǎ zì jī
máquina (f) de costura	缝纫机	féng rèn jī
microfone (m)	话筒	huà tǒng
auscultadores (m pl)	耳机	ěr jī
controlo remoto (m)	遥控器	yáo kòng qì
CD (m)	光盘	guāng pán
cassete (f)	磁带	cí dài
disco (m) de vinil	唱片	chàng piàn

ATIVIDADES HUMANAS

Emprego. Negócios. Parte 1

69. Escritório. O trabalho no escritório

escritório (~ de advogados)	办事处	bàn shì chù
escritório (do diretor, etc.)	办公室	bàn gōng shì
receção (f)	服务台	fú wù tái
secretário (m)	秘书	mì shū
diretor (m)	经理	jīng lǐ
gerente (m)	管理人	guǎn lǐ rén
contabilista (m)	会计员	kuài jì yuán
empregado (m)	雇员	gù yuán
mobiliário (m)	家具	jiā jù
mesa (f)	办公桌	bàn gōng zhuō
cadeira (f)	办公椅	bàn gōng yǐ
bloco (m) de gavetas	小柜	xiǎo guì
cabide (m) de pé	衣帽架	yī mào jià
computador (m)	电脑	diàn nǎo
impressora (f)	打印机	dǎ yìn jī
fax (m)	传真机	chuán zhēn jī
fotocopiadora (f)	复印机	fù yìn jī
papel (m)	纸	zhǐ
artigos (m pl) de escritório	办公用具	bàn gōng yòng jù
tapete (m) de rato	鼠标垫	shǔ biāo diàn
folha (f) de papel	一张	yī zhāng
pasta (f)	活页夹	huó yè jiā
catálogo (m)	目录	mù lù
diretório (f) telefónico	电话簿	diàn huà bù
documentação (f)	文件	wén jiàn
brochura (f)	小册子	xiǎo cè zi
flyer (m)	传单	chuán dān
amostra (f)	样品	yàng pǐn
formação (f)	训练	xùn liàn
reunião (f)	会议	huì yì
hora (f) de almoço	午饭时间	wǔ fàn shí jiān
fazer uma cópia	复印	fù yìn
tirar cópias	复印 ⋯ 份	fù yìn … fèn
receber um fax	接收传真	jiēshōu chuánzhēn
enviar um fax	发传真	fā chuánzhēn
fazer uma chamada	打电话	dǎ diàn huà

responder (vt)	接电话	jiē diàn huà
passar (vt)	接通	jiē tōng
marcar (vt)	安排	ān pái
demonstrar (vt)	展示	zhǎn shì
estar ausente	缺席	quē xí
ausência (f)	缺席	quē xí

70. Processos negociais. Parte 1

ocupação (f)	职业，工作	zhí yè, gōng zuò
firma, empresa (f)	公司	gōng sī
companhia (f)	公司	gōng sī
corporação (f)	股份公司	gǔfèn gōng sī
empresa (f)	企业，机构	qǐ yè, jī gòu
agência (f)	代理处	dài lǐ chù
acordo (documento)	协议	xié yì
contrato (m)	合同	hé tong
acordo (transação)	协议	xié yì
encomenda (f)	订购	dìng gòu
cláusulas (f pl), termos (m pl)	条件	tiáo jiàn
por grosso (adv)	批发	pī fā
por grosso (adj)	批发的	pī fā de
venda (f) por grosso	批发	pī fā
a retalho	零售	líng shòu
venda (f) a retalho	零售	líng shòu
concorrente (m)	竞争者	jìng zhēng zhě
concorrência (f)	竞争	jìng zhēng
competir (vi)	竞争	jìng zhēng
sócio (m)	合伙人	hé huǒ rén
parceria (f)	合伙	hé huǒ
crise (f)	危机	wēi jī
bancarrota (f)	破产	pò chǎn
entrar em falência	破产	pò chǎn
dificuldade (f)	困难	kùn nan
problema (m)	问题	wèn tí
catástrofe (f)	大灾难	dà zāi nàn
economia (f)	经济	jīng jì
económico	经济的	jīng jì de
recessão (f) económica	经济衰退	jīng jì shuāi tuì
objetivo (m)	目标	mù biāo
tarefa (f)	目的	mù dì
comerciar (vi, vt)	做生意	zuò shēngyi
rede (de distribuição)	网络	wǎng luò
estoque (m)	库存	kù cún
sortimento (m)	品种	pǐn zhǒng

líder (m)	领袖	lǐng xiù
grande (~ empresa)	大的	dà de
monopólio (m)	垄断	lǒng duàn
teoria (f)	理论	lǐ lùn
prática (f)	实践	shí jiàn
experiência (falar por ~)	经历	jīng lì
tendência (f)	趋势	qū shì
desenvolvimento (m)	发展	fā zhǎn

71. Processos negociais. Parte 2

rentabilidade (f)	利益	lì yì
rentável	盈利的	yíng lì de
delegação (f)	代表团	dài biǎo tuán
salário, ordenado (m)	薪水	xīn shuǐ
corrigir (um erro)	改正	gǎi zhèng
viagem (f) de negócios	出差	chū chāi
comissão (f)	委员会	wěi yuán huì
controlar (vt)	控制	kòng zhì
conferência (f)	会议	huì yì
licença (f)	许可	xǔ kě
confiável	可靠的	kě kào de
empreendimento (m)	主动行动	zhǔ dòng xíng dòng
norma (f)	标准	biāo zhǔn
circunstância (f)	情况	qíng kuàng
dever (m)	职责	zhí zé
empresa (f)	企业，机构	qǐ yè, jī gòu
organização (f)	组织	zǔ zhī
organizado	有组织的	yǒu zǔ zhī de
anulação (f)	取消	qǔ xiāo
anular, cancelar (vt)	取消	qǔ xiāo
relatório (m)	报告	bào gào
patente (f)	专利权	zhuān lì quán
patentear (vt)	得到 … 的专利权	dé dào … de zhuān lì quán
planear (vt)	计划	jì huà
prémio (m)	奖金	jiǎng jīn
profissional	专业的	zhuān yè de
procedimento (m)	手续	shǒu xù
examinar (a questão)	严密检查	yán mì jiǎn chá
cálculo (m)	计算	jì suàn
reputação (f)	名誉	míng yù
risco (m)	冒险	mào xiǎn
dirigir (~ uma empresa)	领导	lǐng dǎo
informação (f)	消息	xiāo xi

propriedade (f)	财产	cái chǎn
união (f)	联盟	lián méng

seguro (m) de vida	生命保险	shēngmìng bǎoxiǎn
fazer um seguro	投保	tóu bǎo
seguro (m)	保险	bǎo xiǎn

leilão (m)	拍卖	pāi mài
notificar (vt)	通知	tōng zhī
gestão (f)	管理	guǎn lǐ
serviço (indústria de ~s)	服务	fú wù

fórum (m)	讨论会	tǎo lùn huì
funcionar (vi)	工作	gōng zuò
estágio (m)	阶段	jiē duàn
jurídico	法律的	fǎ lǜ de
jurista (m)	律师	lǜ shī

72. Produção. Trabalhos

usina (f)	工厂	gōng chǎng
fábrica (f)	制造厂	zhì zào chǎng
oficina (f)	车间	chē jiān
local (m) de produção	生产现场	shēng chǎn xiàn chǎng

indústria (f)	工业	gōng yè
industrial	工业的	gōng yè de
indústria (f) pesada	重工业	zhòng gōng yè
indústria (f) ligeira	轻工业	qīng gōng yè

produção (f)	产品	chǎn pǐn
produzir (vt)	生产	shēng chǎn
matérias-primas (f pl)	原料	yuán liào

chefe (m) de brigada	工头，领班	gōngtóu , lǐngbān
brigada (f)	队，组	duì, zǔ
operário (m)	工人	gōng rén

dia (m) de trabalho	工作日	gōng zuò rì
pausa (f)	休息	xiū xi
reunião (f)	会议	huì yì
discutir (vt)	讨论	tǎo lùn

plano (m)	计划	jì huà
cumprir o plano	完成计划	wánchéng jìhuà
taxa (f) de produção	产量定额	chǎnliàng dìng é
qualidade (f)	质量	zhìliàng
controlo (m)	检查	jiǎn chá
controlo (m) da qualidade	质量检查	zhìliàng jiǎnchá

segurança (f) no trabalho	劳动安全	láodòng ānquán
disciplina (f)	纪律	jì lǜ
infração (f)	违反	wéi fǎn
violar (as regras)	违反	wéi fǎn

greve (f)	罢工	bà gōng
grevista (m)	罢工者	bà gōng zhě
estar em greve	罢工	bà gōng
sindicato (m)	工会	gōng huì
inventar (vt)	发明	fā míng
invenção (f)	发明	fā míng
pesquisa (f)	研究	yán jiū
melhorar (vt)	改善	gǎi shàn
tecnologia (f)	工艺	gōng yì
desenho (m) técnico	工程图	gōng chéng tú
carga (f)	货物	huò wù
carregador (m)	装货人	zhuāng huò rén
carregar (vt)	装载	zhuāng zài
carregamento (m)	装货	zhuāng huò
descarregar (vt)	卸货	xiè huò
descarga (f)	卸货	xiè huò
transporte (m)	运输	yùn shū
companhia (f) de transporte	运输公司	yùn shū gōngsī
transportar (vt)	运送	yùn sòng
vagão (m) de carga	货运车厢	huò yùn chē xiāng
cisterna (f)	储水箱	chǔ shuǐ xiāng
camião (m)	卡车	kǎ chē
máquina-ferramenta (f)	机床	jī chuáng
mecanismo (m)	机械	jī xiè
resíduos (m pl) industriais	工业废物	gōng yè fèi wù
embalagem (f)	包装	bāo zhuāng
embalar (vt)	包装	bāo zhuāng

73. Contrato. Acordo

contrato (m)	合同	hé tong
acordo (m)	协议	xié yì
adenda (f), anexo (m)	合同附件	hétong fù jiàn
assinar o contrato	签订合同	qiāndìng hétong
assinatura (f)	签名	qiān míng
assinar (vt)	签名	qiān míng
carimbo (m)	印章	yìn zhāng
objeto (m) do contrato	合同主题	hétong zhǔtí
cláusula (f)	条款	tiáo kuǎn
partes (f pl)	双方	shuāng fāng
morada (f) jurídica	法定地址	fǎ dìng dì zhǐ
violar o contrato	违约	wéi yuē
obrigação (f)	义务	yì wù
responsabilidade (f)	责任	zé rèn
força (f) maior	不可抗力	bù kě kàn glì

litígio (m), disputa (f)	争论	zhēng lùn
multas (f pl)	罚款制裁	fákuǎn zhìcái

74. Importação & Exportação

importação (f)	进口	jìn kǒu
importador (m)	进口商	jìn kǒu shāng
importar (vt)	进口	jìn kǒu
de importação	进口的	jìn kǒu de
exportador (m)	出口商	chū kǒu shāng
exportar (vt)	出口	chū kǒu
mercadoria (f)	商品	shāng pǐn
lote (de mercadorias)	一批	yī pī
peso (m)	重量	zhòng liàng
volume (m)	体积	tǐ jī
metro (m) cúbico	立方米	lì fāng mǐ
produtor (m)	生产商	shēng chǎn shāng
companhia (f) de transporte	运输公司	yùn shū gōngsī
contentor (m)	集装箱	jí zhuāng xiāng
fronteira (f)	边界	biān jiè
alfândega (f)	海关	hǎi guān
taxa (f) alfandegária	关税	guān shuì
funcionário (m) da alfândega	海关人员	hǎi guān rényuán
contrabando (atividade)	走私	zǒu sī
contrabando (produtos)	禁运品	jìn yùn pǐn

75. Finanças

ação (f)	股票	gǔ piào
obrigação (f)	债券	zhài quàn
nota (f) promissória	汇票	huì piào
bolsa (f)	证券交易所	zhèng quàn jiāo yì suǒ
cotação (m) das ações	股票行市	gǔpiào hángshì
tornar-se mais barato	落价	luò jià
tornar-se mais caro	涨价	zhǎng jià
parte (f)	股份	gǔ fèn
participação (f) maioritária	多数股权	duō shù gǔ quán
investimento (m)	投资	tóu zī
investir (vt)	投资	tóu zī
percentagem (f)	百分比	bǎi fēn bǐ
juros (m pl)	利息	lì xī
lucro (m)	利润	lì rùn
lucrativo	盈利的	yíng lì de

imposto (m)	税，税款	shuì, shuì kuǎn
divisa (f)	货币	huò bì
nacional	国家，国民	guó jiā, guó mín
câmbio (m)	兑换	duì huàn
contabilista (m)	会计员	kuài jì yuán
contabilidade (f)	会计部	kuài jì bù
bancarrota (f)	破产	pò chǎn
falência (f)	倒闭	dǎo bì
ruína (f)	破产	pò chǎn
arruinar-se (vr)	破产	pò chǎn
inflação (f)	通货膨胀	tōng huò péng zhàng
desvalorização (f)	货币贬值	huòbì biǎnzhí
capital (m)	资本	zī běn
rendimento (m)	收益	shōu yì
volume (m) de negócios	营业额	yíng yè é
recursos (m pl)	资源	zī yuán
recursos (m pl) financeiros	货币资金	huò bì zī jīn
reduzir (vt)	减少	jiǎn shǎo

76. Marketing

marketing (m)	营销	yíng xiāo
mercado (m)	市场	shì chǎng
segmento (m) do mercado	细分市场	xì fēn shì chǎng
produto (m)	产品	chǎn pǐn
mercadoria (f)	商品	shāng pǐn
marca (f) comercial	商标	shāng biāo
logotipo (m)	标志	biāo zhì
logo (m)	标志	biāo zhì
demanda (f)	需求	xū qiú
oferta (f)	供给	gōng jǐ
necessidade (f)	需要	xū yào
consumidor (m)	消费者	xiāo fèi zhě
análise (f)	分析	fēn xī
analisar (vt)	分析	fēn xī
posicionamento (m)	定位	dìng wèi
posicionar (vt)	定位	dìng wèi
preço (m)	价，价钱	jià, jià qian
política (f) de preços	定价政策	dìng jià zhèng cè
formação (f) de preços	定价	dìng jià

77. Publicidade

publicidade (f)	广告	guǎng gào
publicitar (vt)	为 … 做广告	wéi … zuò guǎnggào

orçamento (m)	预算	yù suàn
anúncio (m) publicitário	广告	guǎng gào
publicidade (f) televisiva	电视广告	diànshì guǎnggào
publicidade (f) na rádio	广播广告	guǎngbō guǎnggào
publicidade (f) exterior	室外广告	shìwài guǎnggào
comunicação (f) de massa	大众媒体	dà zhòng méi tǐ
periódico (m)	期刊	qī kān
imagem (f)	形象	xíng xiàng
slogan (m)	口号	kǒu hào
mote (m), divisa (f)	座石铭	zuò shí míng
campanha (f)	运动	yùn dòng
companha (f) publicitária	广告运动	guǎng gào yùn dòng
grupo (m) alvo	目标群	mù biāo qún
cartão (m) de visita	名片	míng piàn
flyer (m)	传单	chuán dān
brochura (f)	小册子	xiǎo cè zi
folheto (m)	小册子	xiǎo cè zi
boletim (~ informativo)	简报	jiǎn bào
letreiro (m)	招牌	zhāo pái
cartaz, póster (m)	招贴画	zhāo tiē huà
painel (m) publicitário	广告牌	guǎnggào pái

78. Banca

banco (m)	银行	yín háng
sucursal, balcão (f)	分支机构	fēn zhī jī gòu
consultor (m)	顾问	gù wèn
gerente (m)	主管人	zhǔ guǎn rén
conta (f)	账户	zhànghù
número (m) da conta	账号	zhàng hào
conta (f) corrente	活期帐户	huó qī zhànghù
conta (f) poupança	储蓄账户	chǔ xù zhànghù
abrir uma conta	开立账户	kāilì zhànghù
fechar uma conta	关闭 帐户	guān bì zhànghù
depositar na conta	存入帐户	cúnrù zhànghù
levantar (vt)	提取	tí qǔ
depósito (m)	存款	cún kuǎn
fazer um depósito	存款	cún kuǎn
transferência (f) bancária	汇款	huì kuǎn
transferir (vt)	汇款	huì kuǎn
soma (f)	金额	jīn é
Quanto?	多少钱?	duōshao qián?
assinatura (f)	签名	qiān míng
assinar (vt)	签名	qiān míng

cartão (m) de crédito	信用卡	xìn yòng kǎ
código (m)	密码	mì mǎ
número (m) do cartão de crédito	信用卡号码	xìn yòng kǎ hào mǎ
Caixa Multibanco (m)	自动取款机	zì dòng qǔ kuǎn jī
cheque (m)	支票	zhī piào
passar um cheque	开支票	kāi zhī piào
livro (m) de cheques	支票本	zhīpiào běn
empréstimo (m)	贷款	dàikuǎn
pedir um empréstimo	借款	jiè kuǎn
obter um empréstimo	取得贷款	qǔ dé dàikuǎn
conceder um empréstimo	贷款给 …	dàikuǎn gěi …
garantia (f)	保证	bǎo zhèng

79. Telefone. Conversação telefónica

telefone (m)	电话	diàn huà
telemóvel (m)	手机	shǒu jī
secretária (f) electrónica	答录机	dā lù jī
fazer uma chamada	打电话	dǎ diàn huà
chamada (f)	电话	diàn huà
marcar um número	拨号码	bō hào mǎ
Alô!	喂!	wèi!
perguntar (vt)	问	wèn
responder (vt)	接电话	jiē diàn huà
ouvir (vt)	听见	tīng jiàn
bem	好	hǎo
mal	不好	bù hǎo
ruído (m)	干扰声	gān rǎo shēng
auscultador (m)	听筒	tīng tǒng
pegar o telefone	接听	jiē tīng
desligar (vi)	挂断	guà duàn
ocupado	占线的	zhàn xiàn de
tocar (vi)	响	xiǎng
lista (f) telefónica	电话簿	diàn huà bù
local	本地的	běn dì de
de longa distância	长途	cháng tú
internacional	国际的	guó jì de

80. Telefone móvel

telemóvel (m)	手机	shǒu jī
ecrã (m)	显示器	xiǎn shì qì
botão (m)	按钮	àn niǔ

cartão SIM (m)	SIM 卡	sim kǎ
bateria (f)	电池	diàn chí
descarregar-se	没电	méi diàn
carregador (m)	充电器	chōng diàn qì
menu (m)	菜单	cài dān
definições (f pl)	设置	shè zhì
melodia (f)	曲调	qǔ diào
escolher (vt)	挑选	tiāo xuǎn
calculadora (f)	计算器	jì suàn qì
correio (m) de voz	答录机	dā lù jī
despertador (m)	闹钟	nào zhōng
contatos (m pl)	电话薄	diàn huà bù
mensagem (f) de texto	短信	duǎn xìn
assinante (m)	用户	yòng hù

81. Estacionário

caneta (f)	圆珠笔	yuán zhū bǐ
caneta (f) tinteiro	钢笔	gāng bǐ
lápis (m)	铅笔	qiān bǐ
marcador (m)	荧光笔	yíng guāng bǐ
caneta (f) de feltro	水彩笔	shuǐ cǎi bǐ
bloco (m) de notas	记事簿	jì shì bù
agenda (f)	日记本	rì jì běn
régua (f)	直尺	zhí chǐ
calculadora (f)	计算器	jì suàn qì
borracha (f)	橡皮擦	xiàng pí cā
pionés (m)	图钉	tú dīng
clipe (m)	回形针	huí xíng zhēn
cola (f)	胶水	jiāo shuǐ
agrafador (m)	钉书机	dīng shū jī
furador (m)	打孔机	dǎ kǒng jī
afia-lápis (m)	卷笔刀	juǎn bǐ dāo

82. Tipos de negócios

serviços (m pl) de contabilidade	会计服务	kuài jì fú wù
publicidade (f)	广告	guǎng gào
agência (f) de publicidade	广告公司	guǎnggào gōngsī
ar (m) condicionado	空调	kōng tiáo
companhia (f) aérea	航空公司	hángkōng gōngsī
bebidas (f pl) alcoólicas	含酒精饮料	hánjiǔjīng yǐnliào
comércio (m) de antiguidades	古董	gǔ dǒng

galeria (f) de arte	画廊，艺廊	huà láng, yì láng
serviços (m pl) de auditoria	审计服务	shěn jì fú wù
negócios (m pl) bancários	商业银行	shāng yè yín háng
bar (m)	酒吧	jiǔ bā
salão (m) de beleza	美容院	měi róng yuàn
livraria (f)	书店	shū diàn
cervejaria (f)	啤酒厂	pí jiǔ chǎng
centro (m) de escritórios	商业中心	shāngyè zhōngxīn
escola (f) de negócios	商业学校	shāngyè xuéxiào
casino (m)	赌场	dǔ chǎng
construção (f)	建筑，建造	jiàn zhù, jiàn zào
serviços (m pl) de consultoria	咨询业	zī xún yè
estomatologia (f)	牙科医术	yá kē yī shù
design (m)	设计	shè jì
farmácia (f)	药房	yào fáng
lavandaria (f)	干洗店	gān xǐ diàn
agência (f) de emprego	职业介绍所	zhí yè jiè shào suǒ
serviços (m pl) financeiros	金融服务	jīn róng fú wù
alimentos (m pl)	食品	shí pǐn
agência (f) funerária	殡仪馆	bìn yí guǎn
mobiliário (m)	家具	jiā jù
roupa (f)	服装	fú zhuāng
hotel (m)	酒店	jiǔ diàn
gelado (m)	冰淇淋	bīng qí lín
indústria (f)	工业	gōng yè
seguro (m)	保险	bǎo xiǎn
internet (f)	因特网	yīn tè wǎng
investimento (m)	投资	tóu zī
joalheiro (m)	珠宝商	zhū bǎo shāng
joias (f pl)	珠宝	zhū bǎo
lavandaria (f)	洗衣店	xǐ yī diàn
serviços (m pl) jurídicos	法律顾问	fǎ lǜ gù wèn
indústria (f) ligeira	轻工业	qīng gōng yè
revista (f)	杂志	zá zhì
vendas (f pl) por catálogo	邮购销售	yóugòu xiāoshòu
medicina (f)	医学	yī xué
cinema (m)	电影院	diànyǐng yuàn
museu (m)	博物馆	bó wù guǎn
agência (f) de notícias	新闻社	xīn wén shè
jornal (m)	报纸	bào zhǐ
clube (m) noturno	夜总会	yè zǒng huì
petróleo (m)	石油	shí yóu
serviço (m) de encomendas	快递公司	kuài dì gōng sī
indústria (f) farmacêutica	药物工业	yào wù gōng yè
poligrafia (f)	印刷工业	yìn shuā gōng yè
editora (f)	出版社	chū bǎn shè
rádio (m)	广播	guǎng bō

imobiliário (m)	房地产	fáng dì chǎn
restaurante (m)	饭馆	fàn guǎn

empresa (f) de segurança	安保公司	ān bǎo gōng sī
desporto (m)	运动	yùn dòng
bolsa (f)	证券交易所	zhèng quàn jiāo yì suǒ
loja (f)	商店	shāng diàn
supermercado (m)	超市	chāo shì
piscina (f)	游泳池	yóu yǒng chí

alfaiataria (f)	裁缝店	cái féng diàn
televisão (f)	电视	diàn shì
teatro (m)	剧院	jù yuàn
comércio (atividade)	商业	shāng yè
serviços (m pl) de transporte	运输	yùn shū
viagens (f pl)	旅游业	lǚ yóu yè

veterinário (m)	兽医	shòu yī
armazém (m)	仓库	cāng kù
recolha (f) do lixo	垃圾运输	lājī yùnshū

Emprego. Negócios. Parte 2

83. Espetáculo. Feira

feira (f)	贸易展览会	mào yì zhǎn lǎn huì
feira (f) comercial	展览会	zhǎn lǎn huì
participação (f)	参与	cān yù
participar (vi)	参与	cān yù
participante (m)	参展者	cān zhǎn zhě
diretor (m)	经理	jīng lǐ
direção (f)	组委会	zǔ wěi huì
organizador (m)	组委会	zǔ wěi huì
organizar (vt)	组织	zǔ zhī
ficha (f) de inscrição	参展申请表	cān zhǎn shēn qǐng biǎo
preencher (vt)	填报	tián bào
detalhes (m pl)	细节	xì jié
informação (f)	消息	xiāo xi
preço (m)	价格	jià gé
incluindo	包括	bāo kuò
incluir (vt)	包含	bāo hán
pagar (vt)	付,支付	fù, zhī fù
taxa (f) de inscrição	登记费	dēng jì fèi
entrada (f)	入口	rù kǒu
pavilhão (m)	展馆,展厅	zhǎn guǎn, zhǎn tīng
inscrever (vt)	登记	dēng jì
crachá (m)	身份证	shēn fèn zhèng
stand (m)	展览台	zhǎn lǎn tái
reservar (vt)	预订	yù dìng
vitrina (f)	展示柜	zhǎn shì guì
foco, spot (m)	展台灯	zhǎn tái dēng
design (m)	设计	shè jì
pôr, colocar (vt)	放置	fàng zhì
distribuidor (m)	经销商	jīng xiāo shāng
fornecedor (m)	供应商	gōng yìng shāng
país (m)	国家	guó jiā
estrangeiro	外国的	wài guó de
produto (m)	产品	chǎn pǐn
associação (f)	社团	shè tuán
sala (f) de conferências	会议室	huì yì shì
congresso (m)	代表大会	dài biǎo dà huì

visitante (m)	参观者	cān guān zhě
visitar (vt)	参观	cān guān
cliente (m)	顾客	gù kè

84. Ciência. Investigação. Cientistas

ciência (f)	科学	kē xué
científico	科学的	kē xué de
cientista (m)	科学家	kē xué jiā
teoria (f)	理论	lǐ lùn
axioma (m)	公理	gōnglǐ
análise (f)	分析	fēn xī
analisar (vt)	分析	fēn xī
argumento (m)	论据	lùnjù
substância (f)	物质	wù zhì
hipótese (f)	假设	jiǎ shè
dilema (m)	两难推理	liǎng nántuīlǐ
tese (f)	学位论文	xuéwèi lùnwén
dogma (m)	教条	jiào tiáo
doutrina (f)	学说	xué shuō
pesquisa (f)	研究	yán jiū
pesquisar (vt)	研究	yán jiū
teste (m)	检验	jiǎn yàn
laboratório (m)	实验室	shí yàn shì
método (m)	方法	fāng fǎ
molécula (f)	分子	fēn zǐ
monitoramento (m)	监测	jiān cè
descoberta (f)	发现	fā xiàn
postulado (m)	公设	gōng shè
princípio (m)	原则	yuán zé
prognóstico (previsão)	预报	yù bào
prognosticar (vt)	预报	yù bào
síntese (f)	综合	zōng hé
tendência (f)	趋势	qū shì
teorema (m)	定理	dìng lǐ
ensinamentos (m pl)	学说	xué shuō
facto (m)	事实	shì shí
experiência (f)	实验	shí yàn
académico (m)	院士	yuàn shì
bacharel (m)	学士	xué shì
doutor (m)	博士	bó shì
docente (m)	副教授	fù jiào shòu
mestre (m)	硕士	shuò shì
professor (m) catedrático	教授	jiào shòu

Profissões e ocupações

85. Procura de emprego. Demissão

trabalho (m)	工作	gōng zuò
pessoal (m)	人员	rényuán
carreira (f)	职业	zhí yè
perspetivas (f pl)	前途	qián tú
mestria (f)	技能	jì néng
seleção (f)	挑选	tiāo xuǎn
agência (f) de emprego	职业介绍所	zhí yè jiè shào suǒ
CV, currículo (m)	简历	jiǎn lì
entrevista (f) de emprego	面试	miàn shì
vaga (f)	空缺	kòng quē
salário (m)	薪水	xīn shuǐ
salário (m) fixo	固定薪水	gùdìng xīnshuǐ
pagamento (m)	报酬	bào chóu
posto (m)	职务	zhí wù
dever (do empregado)	职责	zhí zé
gama (f) de deveres	职责	zhí zé
ocupado	忙	máng
despedir, demitir (vt)	解雇	jiě gù
demissão (f)	辞退	cí tuì
desemprego (m)	失业	shī yè
desempregado (m)	失业者	shī yè zhě
reforma (f)	退休	tuì xiū
reformar-se	退休	tuì xiū

86. Gente de negócios

diretor (m)	经理	jīng lǐ
gerente (m)	主管人	zhǔ guǎn rén
patrão, chefe (m)	老板	lǎo bǎn
superior (m)	上级	shàng jí
superiores (m pl)	管理层	guǎn lǐ céng
presidente (m)	总裁	zǒng cái
presidente (m) de direção	主席	zhǔxí
substituto (m)	副手	fù shǒu
assistente (m)	助手	zhù shǒu
secretário (m)	秘书	mì shū

secretário (m) pessoal	私人秘书	sīrèn mìshū
homem (m) de negócios	商人	shāng rén
empresário (m)	企业家	qǐ yè jiā
fundador (m)	创始人	chuàng shǐ rén
fundar (vt)	创始	chuàng shǐ
fundador, sócio (m)	合伙员	hé huǒ yuán
parceiro, sócio (m)	合伙人	hé huǒ rén
acionista (m)	股东	gǔ dōng
milionário (m)	百万富翁	bǎiwàn fùwēng
bilionário (m)	亿万富翁	yìwàn fùwēng
proprietário (m)	业主	yè zhǔ
proprietário (m) de terras	地主	dì zhǔ
cliente (m)	客户	kèhù
cliente (m) habitual	长期客户	chángqī kèhù
comprador (m)	顾客	gù kè
visitante (m)	参观者	cān guān zhě
profissional (m)	专家	zhuān jiā
perito (m)	行家，专家	háng jiā, zhuān jiā
especialista (m)	专家	zhuān jiā
banqueiro (m)	银行家	yín háng jiā
corretor (m)	经纪人	jīng jì rén
caixa (m, f)	收款员	shōu kuǎn yuán
contabilista (m)	会计员	kuài jì yuán
guarda (m)	安保员	ān bǎo yuán
investidor (m)	投资者	tóu zī zhě
devedor (m)	债务人	zhài wù rén
credor (m)	债权人	zhài quán rén
mutuário (m)	借款人	jiè kuǎn rén
importador (m)	进口者	jìn kǒu zhě
exportador (m)	出口厂商	chū kǒu chǎng shāng
produtor (m)	生产商	shēng chǎn shāng
distribuidor (m)	经销商	jīng xiāo shāng
intermediário (m)	中间人	zhōng jiān rén
consultor (m)	咨询顾问	zīxún gùwèn
representante (m)	代表	dài biǎo
agente (m)	代理人	dài lǐ rén
agente (m) de seguros	保险代理人	bǎo xiǎn dài lǐ rén

87. Profissões de serviços

cozinheiro (m)	厨师	chúshī
cozinheiro chefe (m)	高级厨师	gāojí chúshī
padeiro (m)	面包师	miànbāo shī
barman (m)	酒保	jiǔ bǎo

empregado (m) de mesa	服务员	fú wù yuán
empregada (f) de mesa	女服务员	nǚ fú wù yuán
advogado (m)	辩护人	biàn hù rén
jurista (m)	律师	lǜ shī
notário (m)	公证人	gōng zhèng rén
eletricista (m)	电工	diàn gōng
canalizador (m)	水管工	shuǐ guǎn gōng
carpinteiro (m)	木匠	mù jiàng
massagista (m)	男按摩师	nán ànmóshī
massagista (f)	女按摩师	nǚ ànmóshī
médico (m)	医生	yīshēng
taxista (m)	出租车司机	chūzūchē sī jī
condutor (automobilista)	司机	sī jī
entregador (m)	快递员	kuài dì yuán
camareira (f)	女服务员	nǚ fú wù yuán
guarda (m)	安保员	ān bǎo yuán
hospedeira (f) de bordo	空姐	kōng jiě
professor (m)	老师	lǎo shī
bibliotecário (m)	图书馆员	tú shū guǎn yuán
tradutor (m)	翻译，译者	fān yì, yì zhě
intérprete (m)	口译者	kǒu yì zhě
guia (pessoa)	导游	dǎo yóu
cabeleireiro (m)	理发师	lǐ fà shī
carteiro (m)	邮递员	yóu dì yuán
vendedor (m)	售货员	shòu huò yuán
jardineiro (m)	花匠	huā jiàng
criado (m)	仆人	pú rén
criada (f)	女仆	nǚ pú
empregada (f) de limpeza	清洁女工	qīng jié nǚ gōng

88. Profissões militares e postos

soldado (m) raso	士兵，列兵	shìbīng, lièbīng
sargento (m)	中士	zhōng shì
tenente (m)	中尉	zhōng wèi
capitão (m)	上尉	shàng wèi
major (m)	少校	shào xiào
coronel (m)	上校	shàng xiào
general (m)	将军	jiāng jūn
marechal (m)	元帅	yuán shuài
almirante (m)	海军上将	hǎi jūn shàng jiàng
militar (m)	军人	jūn rén
soldado (m)	士兵	shì bīng
oficial (m)	军官	jūn guān

comandante (m)	指挥员	zhǐhuī yuán
guarda (m) fronteiriço	边界守卫	biān jiè shǒu wèi
operador (m) de rádio	无线电员	wúxiàndiàn yuán
explorador (m)	侦察兵	zhēn chá bīng
sapador (m)	工兵	gōng bīng
atirador (m)	神射手	shén shè shǒu
navegador (m)	领航员	lǐng háng yuán

89. Oficiais. Padres

rei (m)	国王	guó wáng
rainha (f)	王后，女王	wáng hòu, nǚ wáng
príncipe (m)	王子	wáng zǐ
princesa (f)	公主	gōng zhǔ
czar (m)	沙皇	shā huáng
czarina (f)	沙皇皇后	shā huáng huáng hòu
presidente (m)	总统	zǒng tǒng
ministro (m)	部长	bù zhǎng
primeiro-ministro (m)	总理	zǒng lǐ
senador (m)	参议院	cān yì yuàn
diplomata (m)	外交官	wài jiāo guān
cônsul (m)	领事	lǐng shì
embaixador (m)	大使	dàshǐ
conselheiro (m)	顾问	gù wèn
funcionário (m)	官员	guān yuán
prefeito (m)	长官	zhǎng guān
Presidente (m) da Câmara	市长	shì zhǎng
juiz (m)	法官	fǎ guān
procurador (m)	公诉人	gōng sù rén
missionário (m)	传教士	chuán jiào shì
monge (m)	僧侣，修道士	sēng lǚ, xiū dào shì
abade (m)	男修道院院长	nán xiūdàoyuàn yuànzhǎng
rabino (m)	拉比	lā bǐ
vizir (m)	维齐尔	wéi qí ěr
xá (m)	沙阿	shā ē
xeque (m)	族长	zú zhǎng

90. Profissões agrícolas

apicultor (m)	养蜂人	yǎngfēng rén
pastor (m)	牧人	mù rén
agrónomo (m)	农学家	nóng xuéjiā
criador (m) de gado	饲养者	sì yǎng zhě
veterinário (m)	兽医	shòu yī

agricultor (m)	农场主	nóng chǎng zhǔ
vinicultor (m)	酒商	jiǔ shāng
zoólogo (m)	动物学家	dòng wù xuéjiā
cowboy (m)	牛仔	niú zǎi

91. Profissões artísticas

ator (m)	演员	yǎnyuán
atriz (f)	女演员	nǚ yǎnyuán
cantor (m)	歌手	gē shǒu
cantora (f)	女歌手	nǚ gē shǒu
bailarino (m)	舞蹈家	wǔ dǎo jiā
bailarina (f)	女舞蹈家	nǚ wǔ dǎo jiā
artista (m)	演员	yǎnyuán
artista (f)	女演员	nǚ yǎnyuán
músico (m)	音乐家	yīn yuè jiā
pianista (m)	钢琴家	gāng qín jiā
guitarrista (m)	吉他手	jí tā shǒu
maestro (m)	指挥	zhǐ huī
compositor (m)	作曲家	zuò qǔ jiā
empresário (m)	经理人	jīng lǐ rén
realizador (m)	导演	dǎo yǎn
produtor (m)	制片人	zhì piàn rén
argumentista (m)	编剧	biān jù
crítico (m)	评论家	píng lùn jiā
escritor (m)	作家	zuò jiā
poeta (m)	诗人	shī rén
escultor (m)	雕塑家	diāo sù jiā
pintor (m)	画家	huà jiā
malabarista (m)	变戏法者	biàn xì fǎ zhě
palhaço (m)	小丑	xiǎo chǒu
acrobata (m)	杂技演员	zájì yǎnyuán
mágico (m)	魔术师	mó shù shī

92. Várias profissões

médico (m)	医生	yīshēng
enfermeira (f)	护士	hù shi
psiquiatra (m)	精神病医生	jīng shén bìng yīshēng
estomatologista (m)	牙科医生	yá kē yīshēng
cirurgião (m)	外科医生	wài kē yīshēng
astronauta (m)	宇航员	yǔ háng yuán
astrónomo (m)	天文学家	tiānwén xuéjiā

piloto (m)	飞行员	fēi xíng yuán
motorista (m)	驾驶员	jiàshǐ yuán
maquinista (m)	火车司机	huǒ chē sī jī
mecânico (m)	机修工	jī xiū gōng
mineiro (m)	矿工	kuàng gōng
operário (m)	工人	gōng rén
serralheiro (m)	钳工	qián gōng
marceneiro (m)	细木工	xì mù gōng
torneiro (m)	车工	chē gōng
construtor (m)	建筑工人	jiànzhù gōngrén
soldador (m)	焊接工	hàn jiē gōng
professor (m) catedrático	教授	jiào shòu
arquiteto (m)	建筑师	jiànzhù shī
historiador (m)	历史学家	lì shǐ xué jiā
cientista (m)	科学家	kē xué jiā
físico (m)	物理学家	wù lǐ xué jiā
químico (m)	化学家	huà xué jiā
arqueólogo (m)	考古学家	kǎo gǔ xué jiā
geólogo (m)	地质学家	dì zhì xué jiā
pesquisador (cientista)	研究者	yán jiū zhě
babysitter (f)	临时保姆	línshí bǎomǔ
professor (m)	教师	jiào shī
redator (m)	编辑	biān jí
redator-chefe (m)	总编辑	zǒng biān jí
correspondente (m)	记者	jì zhě
datilógrafa (f)	打字员	dǎ zì yuán
designer (m)	设计师	shè jì shī
especialista (m) em informática	电脑专家	diàn nǎo zhuān jiā
programador (m)	程序员	chéng xù yuán
engenheiro (m)	工程师	gōng chéng shī
marujo (m)	水手	shuǐ shǒu
marinheiro (m)	海员	hǎi yuán
salvador (m)	救援者	jiù yuán zhě
bombeiro (m)	消防队员	xiāofáng duìyuán
polícia (m)	警察	jǐng chá
guarda-noturno (m)	看守人	kān shǒu rén
detetive (m)	侦探	zhēn tàn
funcionário (m) da alfândega	海关人员	hǎi guān rényuán
guarda-costas (m)	保镖	bǎo biāo
guarda (m) prisional	狱警	yù jǐng
inspetor (m)	检察员	jiǎn chá yuán
desportista (m)	运动员	yùndòng yuán
treinador (m)	教练	jiào liàn
talhante (m)	屠夫	túfū
sapateiro (m)	鞋匠	xié jiàng

comerciante (m)	商人	shāng rén
carregador (m)	装货人	zhuāng huò rén
estilista (m)	时装设计师	shízhuāng shèjìshī
modelo (f)	模特儿	mó tè er

93. Ocupações. Estatuto social

aluno, escolar (m)	男学生	nán xué sheng
estudante (~ universitária)	大学生	dà xué shēng
filósofo (m)	哲学家	zhé xué jiā
economista (m)	经济学家	jīng jì xué jiā
inventor (m)	发明者	fā míng zhě
desempregado (m)	失业者	shī yè zhě
reformado (m)	退休人员	tuì xiū rén yuán
espião (m)	间谍	jiàn dié
preso (m)	犯人，囚犯	fàn rén, qiú fàn
grevista (m)	罢工者	bà gōng zhě
burocrata (m)	官僚主义者	guān liáo zhǔ yì zhě
viajante (m)	旅行者	lǚ xíng zhě
homossexual (m)	同性恋者	tóng xìng liàn zhě
hacker (m)	黑客	hēi kè
bandido (m)	匪徒	fěi tú
assassino (m) a soldo	雇佣杀手	gù yōng shā shǒu
toxicodependente (m)	吸毒者	xī dú zhě
traficante (m)	毒贩子	dú fàn zi
prostituta (f)	卖淫者，妓女	mài yín zhě, jì nǚ
chulo (m)	皮条客	pí tiáo kè
bruxo (m)	巫师	wū shī
bruxa (f)	女巫师	nǚ wū shī
pirata (m)	海盗	hǎi dào
escravo (m)	奴隶	nú lì
samurai (m)	武士	wǔ shì
selvagem (m)	野蛮人	yě mán rén

Educação

94. Escola

escola (f)	学校	xué xiào
diretor (m) de escola	校长	xiào zhǎng
aluno (m)	男学生	nán xué sheng
aluna (f)	女学生	nǚ xué sheng
escolar (m)	男学生	nán xué sheng
escolar (f)	女学生	nǚ xué sheng
ensinar (vt)	教	jiào
aprender (vt)	学，学习	xué, xué xí
aprender de cor	记住	jì zhù
estudar (vi)	学习	xué xí
andar na escola	上学	shàng xué
ir à escola	去学校	qù xué xiào
alfabeto (m)	字母表	zì mǔ biǎo
disciplina (f)	课程	kè chéng
sala (f) de aula	教室	jiào shì
lição (f)	一堂课	yī táng kè
recreio (m)	课间休息	kè jiān xiū xi
toque (m)	铃	líng
carteira (f)	课桌	kè zhuō
quadro (m) negro	黑板	hēi bǎn
nota (f)	分数	fēnshù
boa nota (f)	好分数	hǎo fēnshù
nota (f) baixa	不好分数	bù hǎo fēnshù
dar uma nota	打分数	dǎ fēnshù
erro (m)	错误	cuò wù
fazer erros	犯错	fàn cuò
corrigir (vt)	改错	gǎi cuò
cábula (f)	小抄	xiǎo chāo
dever (m) de casa	家庭作业	jiā tíng zuò yè
exercício (m)	练习	liàn xí
estar presente	出席	chū xí
estar ausente	缺席	quē xí
punir (vt)	惩罚	chéng fá
punição (f)	惩罚	chéng fá
comportamento (m)	行为，举止	xíng wéi, jǔ zhǐ

boletim (m) escolar	成绩单	chéng jì dān
lápis (m)	铅笔	qiān bǐ
borracha (f)	橡皮擦	xiàng pí cā
giz (m)	粉笔	fěnbǐ
estojo (m)	铅笔盒	qiān bǐ hé
pasta (f) escolar	书包	shū bāo
caneta (f)	钢笔	gāng bǐ
caderno (m)	练习簿	liàn xí bù
manual (m) escolar	课本	kè běn
compasso (m)	圆规	yuáng uī
traçar (vt)	画	huà
desenho (m) técnico	工程图	gōng chéng tú
poesia (f)	诗	shī
de cor	凭记性	píng jì xìng
aprender de cor	记住	jì zhù
férias (f pl)	学校假期	xué xiào jià qī
estar de férias	放假	fàng jià
teste (m)	测试，考试	cè shì, kǎo shì
composição, redação (f)	作文	zuò wén
ditado (m)	听写	tīng xiě
exame (m)	考试	kǎo shì
fazer exame	参加考试	cān jiā kǎo shì
experiência (~ química)	实验	shí yàn

95. Colégio. Universidade

academia (f)	学院	xué yuàn
universidade (f)	大学	dà xué
faculdade (f)	系	xì
estudante (m)	大学生	dà xué shēng
estudante (f)	大学生	dà xué shēng
professor (m)	讲师	jiǎng shī
sala (f) de palestras	讲堂	jiǎng táng
graduado (m)	毕业生	bì yè shēng
diploma (m)	毕业证	bì yè zhèng
tese (f)	学位论文	xuéwèi lùnwén
estudo (obra)	研究报告	yán jiū bào gào
laboratório (m)	实验室	shí yàn shì
palestra (f)	讲课	jiǎng kè
colega (m) de curso	同学	tóng xué
bolsa (f) de estudos	奖学金	jiǎng xué jīn
grau (m) académico	学位	xué wèi

96. Ciências. Disciplinas

matemática (f)	数学	shù xué
álgebra (f)	代数学	dài shù xué
geometria (f)	几何学	jǐ hé xué
astronomia (f)	天文学	tiān wén xué
biologia (f)	生物学	shēng wù xué
geografia (f)	地理学	dì lǐ xué
geologia (f)	地质学	dì zhì xué
história (f)	历史学	lìshǐ xué
medicina (f)	医学	yī xué
pedagogia (f)	教育学	jiàoyù xué
direito (m)	法学	fǎ xué
física (f)	物理学	wù lǐ xué
química (f)	化学	huà xué
filosofia (f)	哲学	zhé xué
psicologia (f)	心理学	xīn lǐ xué

97. Sistema de escrita. Ortografia

gramática (f)	语法	yǔ fǎ
vocabulário (m)	词汇	cí huì
fonética (f)	语音学	yǔ yīn xué
substantivo (m)	名词	míng cí
adjetivo (m)	形容词	xíng róng cí
verbo (m)	动词	dòng cí
advérbio (m)	副词	fù cí
pronome (m)	代词	dài cí
interjeição (f)	感叹词	gǎn tàn cí
preposição (f)	介词	jiè cí
raiz (f) da palavra	词根	cí gēn
terminação (f)	词尾	cí wěi
prefixo (m)	前缀	qián zhuì
sílaba (f)	音节	yīn jié
sufixo (m)	后缀	hòu zhuì
acento (m)	重音	zhòng yīn
apóstrofo (m)	撇号	piē hào
ponto (m)	点	diǎn
vírgula (f)	逗号	dòu hào
ponto e vírgula (m)	分号	fēn hào
dois pontos (m pl)	冒号	mào hào
reticências (f pl)	省略号	shěng lüè hào
ponto (m) de interrogação	问号	wèn hào
ponto (m) de exclamação	感叹号	gǎn tàn hào

aspas (f pl)	引号	yǐn hào
entre aspas	在引号	zài yǐn hào
parênteses (m pl)	括号	kuò hào
entre parênteses	在圆括号	zài yuán kuò hào
hífen (m)	连字符	lián zì fú
travessão (m)	破折号	pò zhé hào
espaço (m)	空白	kòng bái
letra (f)	字母	zì mǔ
letra (f) maiúscula	大写字母	dà xiě zì mǔ
vogal (f)	元音	yuán yīn
consoante (f)	辅音	fǔyīn
frase (f)	句子	jù zi
sujeito (m)	主语	zhǔ yǔ
predicado (m)	谓语	wèi yǔ
linha (f)	行	háng
em uma nova linha	另起一行	lìng qǐ yī xíng
parágrafo (m)	段, 段落	duàn, duàn luò
palavra (f)	字, 单词	zì, dāncí
grupo (m) de palavras	词组	cí zǔ
expressão (f)	短语	duǎn yǔ
sinónimo (m)	同义词	tóng yì cí
antónimo (m)	反义词	fǎn yì cí
regra (f)	规则	guī zé
exceção (f)	例外	lì wài
correto	正确的	zhèng què de
conjugação (f)	变位	biàn wèi
declinação (f)	变格	biàn gé
caso (m)	名词格	míng cí gé
pergunta (f)	问题	wèn tí
sublinhar (vt)	在 … 下画线	zài … xià huà xiàn
linha (f) pontilhada	点线	diǎn xiàn

98. Línguas estrangeiras

língua (f)	语言	yǔ yán
língua (f) estrangeira	外语	wài yǔ
estudar (vt)	学习	xué xí
aprender (vt)	学, 学习	xué, xué xí
ler (vt)	读	dú
falar (vi)	说	shuō
compreender (vt)	明白	míng bai
escrever (vt)	写	xiě
rapidamente	快	kuài
devagar	慢慢地	màn màn de

fluentemente	流利	liú lì
regras (f pl)	规则	guī zé
gramática (f)	语法	yǔ fǎ
vocabulário (m)	词汇	cí huì
fonética (f)	语音学	yǔ yīn xué
manual (m) escolar	课本	kè běn
dicionário (m)	词典	cí diǎn
manual (m) de autoaprendizagem	自学的书	zì xué de shū
guia (m) de conversação	短语手册	duǎn yǔ shǒu cè
cassete (f)	磁带	cí dài
vídeo cassete (m)	录像带	lù xiàng dài
CD (m)	光盘	guāng pán
DVD (m)	数字影碟	shù zì yǐng dié
alfabeto (m)	字母表	zì mǔ biǎo
soletrar (vt)	拼写	pīn xiě
pronúncia (f)	发音	fā yīn
sotaque (m)	口音	kǒu yin
com sotaque	带口音	dài kǒu yin
sem sotaque	没有口音	méiyǒu kǒuyin
palavra (f)	字，单词	zì, dāncí
sentido (m)	意义	yì yì
cursos (m pl)	讲座	jiǎng zuò
inscrever-se (vr)	报名	bào míng
professor (m)	老师	lǎo shī
tradução (processo)	翻译	fān yì
tradução (texto)	翻译	fān yì
tradutor (m)	翻译，译者	fān yì, yì zhě
intérprete (m)	口译者	kǒu yì zhě
memória (f)	记忆力	jì yì lì

Descanso. Entretenimento. Viagens

99. Viagens

turismo (m)	旅游	lǚ yóu
turista (m)	旅行者	lǚ xíng zhě
viagem (f)	旅行	lǚ xíng
aventura (f)	冒险	mào xiǎn
viagem (f)	旅行	lǚ xíng
férias (f pl)	休假	xiū jià
estar de férias	放假	fàng jià
descanso (m)	休息	xiū xi
comboio (m)	火车	huǒ chē
de comboio (chegar ~)	乘火车	chéng huǒchē
avião (m)	飞机	fēijī
de avião	乘飞机	chéng fēijī
de carro	乘汽车	chéng qìchē
de navio	乘船	chéng chuán
bagagem (f)	行李	xíng li
mala (f)	手提箱	shǒu tí xiāng
carrinho (m)	行李车	xíng li chē
passaporte (m)	护照	hù zhào
visto (m)	签证	qiān zhèng
bilhete (m)	票	piào
bilhete (m) de avião	飞机票	fēijī piào
guia (m) de viagem	旅行指南	lǚ xíng zhǐ nán
mapa (m)	地图	dì tú
local (m), area (f)	地方	dì fang
lugar, sítio (m)	地方	dì fang
exotismo (m)	尖蕊鸢尾	jiān ruǐ yuān wěi
exótico	外来的	wài lái de
surpreendente	惊人的	jīng rén de
grupo (m)	组	zǔ
excursão (f)	游览	yóu lǎn
guia (m)	导游	dǎo yóu

100. Hotel

hotel (m)	酒店	jiǔ diàn
motel (m)	汽车旅馆	qì chē lǚ guǎn
três estrelas	三星级	sān xīng jí

cinco estrelas	五星级	wǔ xīng jí
ficar (~ num hotel)	暂住	zàn zhù
quarto (m)	房间	fáng jiān
quarto (m) individual	单人间	dān rén jiān
quarto (m) duplo	双人间	shuāng rén jiān
reservar um quarto	订房间	dìng fáng jiān
meia pensão (f)	半膳宿	bàn shàn sù
pensão (f) completa	全食宿	quán shí sù
com banheira	带洗澡间	dài xǐ zǎo jiān
com duche	带有淋浴	dài yǒu lín yù
televisão (m) satélite	卫星电视	wèixīng diànshì
ar (m) condicionado	空调	kōng tiáo
toalha (f)	毛巾，浴巾	máo jīn, yù jīn
chave (f)	钥匙	yào shi
administrador (m)	管理者	guǎn lǐ zhě
camareira (f)	女服务员	nǚ fú wù yuán
bagageiro (m)	行李生	xíng li shēng
porteiro (m)	看门人	kān mén rén
restaurante (m)	饭馆	fàn guǎn
bar (m)	酒吧	jiǔ bā
pequeno-almoço (m)	早饭	zǎo fàn
jantar (m)	晚餐	wǎn cān
buffet (m)	自助餐	zì zhù cān
hall (m) de entrada	大厅	dà tīng
elevador (m)	电梯	diàn tī
NÃO PERTURBE	请勿打扰	qǐng wù dǎ rǎo
PROIBIDO FUMAR!	禁止吸烟	jìnzhǐ xīyān

EQUIPAMENTO TÉCNICO. TRANSPORTES

Equipamento técnico. Transportes

101. Computador

computador (m)	电脑	diàn nǎo
portátil (m)	笔记本电脑	bǐ jì běn diàn nǎo
ligar (vt)	打开	dǎ kāi
desligar (vt)	关	guān
teclado (m)	键盘	jiàn pán
tecla (f)	键	jiàn
rato (m)	鼠标	shǔ biāo
tapete (m) de rato	鼠标垫	shǔ biāo diàn
botão (m)	按钮	àn niǔ
cursor (m)	光标	guāng biāo
monitor (m)	监视器	jiān shì qì
ecrã (m)	屏幕	píng mù
disco (m) rígido	硬盘	yìng pán
capacidade (f) do disco rígido	硬盘容量	yìng pán róngliàng
memória (f)	内存	nèi cún
memória RAM (f)	随机存储器	suí jī cún chǔ qì
ficheiro (m)	文件	wén jiàn
pasta (f)	文件夹	wén jiàn jiā
abrir (vt)	打开	dǎ kāi
fechar (vt)	关闭	guān bì
guardar (vt)	保存	bǎo cún
apagar, eliminar (vt)	删除	shān chú
copiar (vt)	复制	fù zhì
ordenar (vt)	排序	pái xù
copiar (vt)	复制	fù zhì
programa (m)	程序	chéng xù
software (m)	软件	ruǎn jiàn
programador (m)	程序员	chéng xù yuán
programar (vt)	编制程序	biān zhì chéng xù
hacker (m)	黑客	hēi kè
senha (f)	密码	mì mǎ
vírus (m)	病毒	bìng dú
detetar (vt)	发现	fā xiàn
byte (m)	字节	zìjié

megabyte (m)	兆字节	zhào zìjié
dados (m pl)	数据	shù jù
base (f) de dados	数据库	shù jù kù
cabo (m)	电缆	diàn lǎn
desconectar (vt)	断开	duàn kāi
conetar (vt)	连接	lián jiē

102. Internet. E-mail

internet (f)	因特网	yīn tè wǎng
browser (m)	浏览器	liú lǎn qì
motor (m) de busca	搜索引擎	sōu suǒ yǐn qíng
provedor (m)	互联网服务供应商	hù lián wǎng fú wù gōng yìng shāng
webmaster (m)	网站管理员	wǎng zhàn guǎnlǐyuán
website, sítio web (m)	网站	wǎng zhàn
página (f) web	网页	wǎng yè
endereço (m)	地址	dì zhǐ
livro (m) de endereços	通讯录	tōng xùn lù
caixa (f) de correio	邮箱	yóu xiāng
correio (m)	邮件	yóu jiàn
mensagem (f)	邮件消息	yóujiàn xiāoxi
remetente (m)	发信人	fā xìn rén
enviar (vt)	发信	fā xìn
envio (m)	发信	fā xìn
destinatário (m)	收信人	shōu xìn rén
receber (vt)	收到	shōu dào
correspondência (f)	通信	tōng xìn
corresponder-se (vr)	通信	tōng xìn
ficheiro (m)	文件	wén jiàn
fazer download, baixar	下载	xià zǎi
criar (vt)	创造	chuàng zào
apagar, eliminar (vt)	删除	shān chú
eliminado	删除的	shān chú de
conexão (f)	连接	lián jiē
velocidade (f)	速度	sù dù
modem (m)	调制解调器	tiáo zhì jiě diào qì
acesso (m)	存取	cún qǔ
porta (f)	端口	duān kǒu
conexão (f)	连接	lián jiē
conetar (vi)	连接	lián jiē
escolher (vt)	选	xuǎn
buscar (vt)	搜寻	sōu xún

103. Eletricidade

eletricidade (f)	电	diàn
elétrico	电动的	diàn dòng de
central (f) elétrica	发电厂	fā diàn chǎng
energia (f)	电能	diàn néng
energia (f) elétrica	电力	diàn lì
lâmpada (f)	灯泡	dēng pào
lanterna (f)	手电筒	shǒu diàn tǒng
poste (m) de iluminação	路灯，街灯	lù dēng, jiē dēng
luz (f)	电灯	diàn dēng
ligar (vt)	打开	dǎ kāi
desligar (vt)	关	guān
apagar a luz	关灯	guān dēng
fundir (vi)	烧坏	shāo huài
curto-circuito (m)	短路	duǎn lù
rutura (f)	断线	duàn xiàn
contacto (m)	触点	chù diǎn
interruptor (m)	开关	kāi guān
tomada (f)	插座	chā zuò
ficha (f)	插头	chā tóu
extensão (f)	延长线	yán cháng xiàn
fusível (m)	保险丝	bǎo xiǎn sī
fio, cabo (m)	电线	diàn xiàn
instalação (f) elétrica	电气配线	diàn qì pèi xiàn
ampere (m)	安培	ān péi
amperagem (f)	电流强度	diàn liú qiáng dù
volt (m)	伏，伏特	fú, fú tè
voltagem (f)	伏特数	fú tè shù
aparelho (m) elétrico	电动仪器	diàn dòng yí qì
indicador (m)	指示灯	zhǐ shì dēng
eletricista (m)	电工	diàn gōng
soldar (vt)	焊接	hàn jiē
ferro (m) de soldar	烙铁	lào tiě
corrente (f) elétrica	电流	diàn liú

104. Ferramentas

ferramenta (f)	工具	gōng jù
ferramentas (f pl)	工具	gōng jù
equipamento (m)	设备	shè bèi
martelo (m)	锤子	chuí zi
chave (f) de fendas	螺丝刀	luó sī dāo
machado (m)	斧子	fǔzi

serra (f)	锯	jù
serrar (vt)	锯	jù
plaina (f)	刨子	bào zi
aplainar (vt)	刨，刨平	bào, páo píng
ferro (m) de soldar	烙铁	lào tiě
soldar (vt)	焊接	hàn jiē
lima (f)	锉刀	cuò dāo
tenaz (f)	胡桃钳	hú táo qián
alicate (m)	电工钳	diàn gōng qián
formão (m)	凿子	záo zi
broca (f)	钻头	zuàn tóu
berbequim (f)	电钻	diàn zuàn
furar (vt)	钻	zuàn
faca (f)	刀，刀子	dāo, dāo zi
lâmina (f)	刀刃	dāo rèn
afiado	锋利的	fēng lì de
cego	钝的	dùn de
embotar-se (vr)	变钝	biàn dùn
afiar, amolar (vt)	磨快	mó kuài
parafuso (m)	螺栓	luó shuān
porca (f)	螺帽	luó mào
rosca (f)	螺纹	luó wén
parafuso (m) para madeira	木螺钉	mù luó dīng
prego (m)	钉子	dīng zi
cabeça (f) do prego	钉头	dìng tóu
régua (f)	直尺	zhí chǐ
fita (f) métrica	卷尺	juǎn chǐ
nível (m)	水平尺	shuǐ píng chǐ
lupa (f)	放大镜	fàng dà jìng
medidor (m)	测量工具	cè liàng gōng jù
medir (vt)	测量	cè liáng
escala (f)	标尺	biāo chǐ
indicação (f), registo (m)	读数	dú shù
compressor (m)	压气机	yā qì jī
microscópio (m)	显微镜	xiǎn wēi jìng
bomba (f)	气筒	qì tǒng
robô (m)	机器人	jī qì rén
laser (m)	激光器	jī guāng qì
chave (f) de boca	扳手	bān shǒu
fita (f) adesiva	胶带	jiāo dài
cola (f)	胶水	jiāo shuǐ
lixa (f)	砂纸	shā zhǐ
mola (f)	弹簧	tán huáng
íman (m)	磁石	cí shí

luvas (f pl)	手套	shǒu tào
corda (f)	绳子	shéng zi
cordel (m)	线绳	xiàn shéng
fio (m)	电线	diàn xiàn
cabo (m)	电缆	diàn lǎn
marreta (f)	大锤	dà chuí
pé de cabra (m)	铁撬棍	tiě qiào gùn
escada (f) de mão	伸缩梯	shēn suō tī
escadote (m)	折梯	zhé tī
enroscar (vt)	拧紧	nǐng jǐn
desenroscar (vt)	拧开	nǐng kāi
apertar (vt)	拧紧	nǐng jǐn
colar (vt)	贴	tiē
cortar (vt)	切	qiē
falha (mau funcionamento)	毛病	máo bìng
conserto (m)	修理	xiū lǐ
consertar, reparar (vt)	修理	xiū lǐ
regular, ajustar (vt)	调整	tiáo zhěng
verificar (vt)	检查	jiǎn chá
verificação (f)	检查	jiǎn chá
indicação (f), registo (m)	读数	dú shù
seguro	可靠的	kě kào de
complicado	复杂的	fù zá de
enferrujar (vi)	生锈	shēng xiù
enferrujado	生锈的	shēng xiù de
ferrugem (f)	锈	xiù

Transportes

105. Avião

avião (m)	飞机	fēijī
bilhete (m) de avião	飞机票	fēijī piào
companhia (f) aérea	航空公司	hángkōng gōngsī
aeroporto (m)	机场	jī chǎng
supersónico	超音速的	chāo yīn sù de
comandante (m) do avião	机长	jī zhǎng
tripulação (f)	机组	jī zǔ
piloto (m)	飞行员	fēi xíng yuán
hospedeira (f) de bordo	空姐	kōng jiě
copiloto (m)	领航员	lǐng háng yuán
asas (f pl)	机翼	jī yì
cauda (f)	机尾	jī wěi
cabine (f) de pilotagem	座舱	zuò cāng
motor (m)	发动机	fā dòng jī
trem (m) de aterragem	起落架	qǐ luò jià
turbina (f)	涡轮	wō lún
hélice (f)	螺旋桨	luó xuán jiǎng
caixa-preta (f)	黑匣子	hēi xiá zi
coluna (f) de controlo	飞机驾驶盘	fēijī jiàshǐpán
combustível (m)	燃料	rán liào
instruções (f pl) de segurança	指南	zhǐ nán
máscara (f) de oxigénio	氧气面具	yǎngqì miànjù
uniforme (m)	制服	zhì fú
colete (m) salva-vidas	救生衣	jiù shēng yī
paraquedas (m)	降落伞	jiàng luò sǎn
descolagem (f)	起飞	qǐ fēi
descolar (vi)	起飞	qǐ fēi
pista (f) de descolagem	跑道	pǎo dào
visibilidade (f)	可见度	kě jiàn dù
voo (m)	飞行	fēi xíng
altura (f)	高度	gāo dù
poço (m) de ar	气潭	qì tán
assento (m)	座位	zuò wèi
auscultadores (m pl)	耳机	ěr jī
mesa (f) rebatível	折叠托盘	zhé dié tuō pán
vigia (f)	舷窗，机窗	xián chuāng, jī chuāng
passagem (f)	过道	guò dào

106. Comboio

comboio (m)	火车	huǒ chē
comboio (m) suburbano	电动火车	diàndòng huǒ chē
comboio (m) rápido	快车	kuài chē
locomotiva (f) diesel	内燃机车	nèiránjī chē
locomotiva (f) a vapor	蒸汽机车	zhēngqìjī chē
carruagem (f)	铁路客车	tiě lù kè chē
carruagem restaurante (f)	餐车	cān chē
carris (m pl)	铁轨	tiě guǐ
caminho de ferro (m)	铁路	tiě lù
travessa (f)	枕木	zhěn mù
plataforma (f)	月台	yuè tái
linha (f)	月台	yuè tái
semáforo (m)	臂板信号机	bìbǎn xìnhào jī
estação (f)	火车站	huǒ chē zhàn
maquinista (m)	火车司机	huǒ chē sī jī
bagageiro (m)	搬运工	bān yùn gōng
hospedeiro, -a (da carruagem)	列车员	liè chē yuán
passageiro (m)	乘客	chéng kè
revisor (m)	列车员	liè chē yuán
corredor (m)	走廊	zǒu láng
freio (m) de emergência	紧急制动器	jǐn jí zhì dòng qì
compartimento (m)	包房	bāo fáng
cama (f)	卧铺	wò pù
cama (f) de cima	上铺	shàng pù
cama (f) de baixo	下铺	xià pù
roupa (f) de cama	被单	bèi dān
bilhete (m)	票	piào
horário (m)	列车时刻表	lièchē shíkèbiǎo
painel (m) de informação	时刻表	shí kè biǎo
partir (vt)	离开	lí kāi
partida (f)	发车	fā chē
chegar (vi)	到达	dào dá
chegada (f)	到达	dào dá
chegar de comboio	乘坐火车抵达	chéngzuò huǒchē dǐdá
apanhar o comboio	上车	shàng chē
sair do comboio	下车	xià chē
locomotiva (f) a vapor	蒸汽机车	zhēngqìjī chē
fogueiro (m)	添煤工	tiān méi gōng
fornalha (f)	火箱	huǒ xiāng
carvão (m)	煤炭	méi tàn

107. Barco

navio (m)	大船	dà chuán
embarcação (f)	船	chuán
vapor (m)	汽船	qì chuán
navio (m)	江轮	jiāng lún
transatlântico (m)	远洋班轮	yuǎn yáng bān lún
cruzador (m)	巡洋舰	xún yáng jiàn
iate (m)	快艇	kuài tǐng
rebocador (m)	拖轮	tuō lún
barcaça (f)	驳船	bó chuán
ferry (m)	渡轮，渡船	dù lún, dù chuán
veleiro (m)	帆船	fān chuán
bergantim (m)	双桅帆船	shuāng wéi fān chuán
quebra-gelo (m)	破冰船	pò bīng chuán
submarino (m)	潜水艇	qián shuǐ tǐng
bote, barco (m)	小船	xiǎo chuán
bote, dingue (m)	小艇	xiǎo tǐng
bote (m) salva-vidas	救生艇	jiù shēng tǐng
lancha (f)	汽艇	qì tǐng
capitão (m)	船长，舰长	chuán zhǎng, jiàn zhǎng
marinheiro (m)	水手	shuǐ shǒu
marujo (m)	海员	hǎi yuán
tripulação (f)	船员	chuán yuán
contramestre (m)	水手长	shuǐ shǒu zhǎng
grumete (m)	小水手	xiǎo shuǐ shǒu
cozinheiro (m) de bordo	船上厨师	chuánshàng chúshī
médico (m) de bordo	随船医生	suí chuán yī shēng
convés (m)	甲板	jiǎ bǎn
mastro (m)	桅	wéi
vela (f)	帆	fān
porão (m)	货舱	huò cāng
proa (f)	船头	chuán tóu
popa (f)	船尾	chuán wěi
remo (m)	桨	jiǎng
hélice (f)	螺旋桨	luó xuán jiǎng
camarote (m)	小舱	xiǎo cāng
sala (f) dos oficiais	旅客休息室	lǚkè xiū xī shì
sala (f) das máquinas	轮机舱	lún jī cāng
ponte (m) de comando	舰桥	jiàn qiáo
sala (f) de comunicações	无线电室	wú xiàn diàn shì
onda (f) de rádio	波	bō
diário (m) de bordo	航海日志	háng hǎi rì zhì
luneta (f)	单筒望远镜	dān tǒng wàng yuǎn jìng
sino (m)	钟	zhōng

bandeira (f)	旗	qí
cabo (m)	缆绳	lǎn shéng
nó (m)	结	jié
corrimão (m)	栏杆	lán gān
prancha (f) de embarque	舷梯	xián tī
âncora (f)	锚	máo
recolher a âncora	起锚	qǐ máo
lançar a âncora	抛锚	pāo máo
amarra (f)	锚链	máo liàn
porto (m)	港市	gǎng shì
cais, amarradouro (m)	码头	mǎ tóu
atracar (vi)	系泊	jì bó
desatracar (vi)	启航	qǐ háng
viagem (f)	旅行	lǚ xíng
cruzeiro (m)	航游	háng yóu
rumo (m), rota (f)	航向	háng xiàng
itinerário (m)	航线	háng xiàn
canal (m) navegável	水路	shuǐ lù
banco (m) de areia	浅水	qiǎn shuǐ
encalhar (vt)	搁浅	gē qiǎn
tempestade (f)	风暴	fēng bào
sinal (m)	信号	xìn hào
afundar-se (vr)	沉没	chén mò
SOS	求救信号	qiú jiù xìn hào
boia (f) salva-vidas	救生圈	jiù shēng quān

108. Aeroporto

aeroporto (m)	机场	jī chǎng
avião (m)	飞机	fēijī
companhia (f) aérea	航空公司	hángkōng gōngsī
controlador (m) de tráfego aéreo	调度员	diào dù yuán
partida (f)	出发	chū fā
chegada (f)	到达	dào dá
chegar (~ de avião)	到达	dào dá
hora (f) de partida	起飞时间	qǐ fēi shíjiān
hora (f) de chegada	到达时间	dào dá shíjiān
estar atrasado	晚点	wǎn diǎn
atraso (m) de voo	班机晚点	bān jī wǎn diǎn
painel (m) de informação	航班信息板	háng bān xìn xī bǎn
informação (f)	信息	xìn xī
anunciar (vt)	通知	tōng zhī
voo (m)	航班, 班机	háng bān, bān jī

alfândega (f)	海关	hǎi guān
funcionário (m) da alfândega	海关人员	hǎi guān rényuán
declaração (f) alfandegária	报关单	bào guān dān
preencher a declaração	填报关单	tián bào guān dān
controlo (m) de passaportes	护照检查	hùzhào jiǎnchá
bagagem (f)	行李	xíng li
bagagem (f) de mão	手提行李	shǒu tí xíng li
carrinho (m)	行李车	xíng li chē
aterragem (f)	着陆	zhuó lù
pista (f) de aterragem	跑道	pǎo dào
aterrar (vi)	着陆	zhuó lù
escada (f) de avião	舷梯	xián tī
check-in (m)	办理登机	bàn lǐ dēng jī
balcão (m) do check-in	办理登机手续处	bàn lǐ dēng jī shǒu xù chù
fazer o check-in	登记	dēng jì
cartão (m) de embarque	登机牌	dēng jī pái
porta (f) de embarque	登机口	dēng jī kǒu
trânsito (m)	中转	zhōng zhuǎn
esperar (vi, vt)	等候	děng hòu
sala (f) de espera	出发大厅	chū fā dà tīng
despedir-se de …	送别	sòng bié
despedir-se (vr)	说再见	shuō zài jiàn

Eventos

109. Férias. Evento

festa (f)	庆典	qìng diǎn
festa (f) nacional	国家假日	guó jiā jià rì
feriado (m)	公休假日	gōng xiū jià rì
festejar (vt)	庆祝	qìng zhù
evento (festa, etc.)	事件	shì jiàn
evento (banquete, etc.)	活动	huó dòng
banquete (m)	宴会	yàn huì
receção (f)	招待会	zhāo dài huì
festim (m)	酒宴	jiǔ yàn
aniversário (m)	周年	zhōu nián
jubileu (m)	周年纪念	zhōu nián jì niàn
celebrar (vt)	庆祝	qìng zhù
Ano (m) Novo	新年	xīn nián
Feliz Ano Novo!	新年快乐！	xīn nián kuài lè!
Natal (m)	圣诞节	shèng dàn jié
Feliz Natal!	圣诞 快乐！	shèng dàn kuài lè!
árvore (f) de Natal	圣诞树	shèng dàn shù
fogo (m) de artifício	焰火	yàn huǒ
boda (f)	婚礼	hūn lǐ
noivo (m)	新郎	xīn láng
noiva (f)	新娘	xīn niáng
convidar (vt)	邀请	yāo qǐng
convite (m)	邀请	yāo qǐng
convidado (m)	客人	kè rén
visitar (vt)	做客	zuò kè
receber os hóspedes	迎接客人	yíng jiē kè rén
presente (m)	礼物	lǐ wù
oferecer (vt)	赠送	zèng sòng
receber presentes	收到礼物	shōu dào lǐ wù
ramo (m) de flores	花束	huā shù
felicitações (f pl)	祝贺	zhù hè
felicitar (dar os parabéns)	祝贺	zhù hè
cartão (m) de parabéns	贺年片	hènián piàn
enviar um postal	寄明信片	jì míngxìn piàn
receber um postal	收明信片	shōu míngxìn piàn
brinde (m)	祝酒	zhù jiǔ

oferecer (vt)	给	gěi
champanhe (m)	香槟	xiāng bīn
divertir-se (vr)	乐趣	lè qù
diversão (f)	娱乐	yú lè
alegria (f)	欢欣	huān xīn
dança (f)	舞蹈	wǔ dǎo
dançar (vi)	跳舞	tiào wǔ
valsa (f)	华尔兹	huá ěr zī
tango (m)	探戈舞	tàn gē wǔ

110. Funerais. Enterro

cemitério (m)	墓地	mùdì
sepultura (f), túmulo (m)	墓穴	mù xué
lápide (f)	墓碑	mù bēi
cerca (f)	围栏	wéi lán
capela (f)	小教堂	xiǎo jiào táng
morte (f)	死亡	sǐ wáng
morrer (vi)	死，死亡	sǐ, sǐ wáng
defunto (m)	死人	sǐ rén
luto (m)	哀悼日	āi dào rì
enterrar, sepultar (vt)	埋葬	mái zàng
agência (f) funerária	殡仪馆	bìn yí guǎn
funeral (m)	葬礼	zàng lǐ
coroa (f) de flores	花圈	huā quān
caixão (m)	棺材	guān cái
carro (m) funerário	灵车	líng chē
mortalha (f)	裹尸布	guǒ shī bù
urna (f) funerária	骨灰罐	gǔ huī guàn
crematório (m)	火葬场	huǒ zàng chǎng
obituário (m), necrologia (f)	讣告，讣闻	fù gào, fù wén
chorar (vi)	哭	kū
soluçar (vi)	啜泣	chuò qì

111. Guerra. Soldados

pelotão (m)	排	pái
companhia (f)	连	lián
regimento (m)	团	tuán
exército (m)	军	jūn
divisão (f)	师	shī
destacamento (m)	小分队	xiǎo fēn duì
hoste (f)	军队	jūn duì

soldado (m)	士兵	shì bīng
oficial (m)	军官	jūn guān
soldado (m) raso	士兵，列兵	shìbīng, lièbīng
sargento (m)	中士	zhōng shì
tenente (m)	中尉	zhōng wèi
capitão (m)	上尉	shàng wèi
major (m)	少校	shào xiào
coronel (m)	上校	shàng xiào
general (m)	将军	jiāng jūn
marujo (m)	水兵	shuǐ bīng
capitão (m)	上尉	shàng wèi
contramestre (m)	水手长	shuǐ shǒu zhǎng
artilheiro (m)	炮兵	pào bīng
soldado (m) paraquedista	伞兵	sǎn bīng
piloto (m)	飞行员	fēi xíng yuán
navegador (m)	领航员	lǐng háng yuán
mecânico (m)	机修工	jī xiū gōng
sapador (m)	工兵	gōng bīng
paraquedista (m)	伞兵	sǎn bīng
explorador (m)	侦察兵	zhēn chá bīng
franco-atirador (m)	狙击手	jū jī shǒu
patrulha (f)	巡逻队	xún luó duì
patrulhar (vt)	巡逻	xún luó
sentinela (f)	哨兵	shào bīng
guerreiro (m)	勇士	yǒng shì
patriota (m)	爱国者	ài guó zhě
herói (m)	英雄	yīng xióng
heroína (f)	女英雄	nǚ yīng xióng
traidor (m)	叛徒	pàn tú
desertor (m)	逃兵	táo bīng
desertar (vt)	擅离	shàn lí
mercenário (m)	雇佣兵	gù yōng bīng
recruta (m)	新兵	xīn bīng
voluntário (m)	志愿兵	zhì yuàn bīng
morto (m)	死者	sǐ zhě
ferido (m)	伤员	shāng yuán
prisioneiro (m) de guerra	战俘	zhàn fú

112. Guerra. Ações militares. Parte 1

guerra (f)	战争	zhàn zhēng
guerrear (vt)	开战	kāi zhàn
guerra (f) civil	内战	nèi zhàn
perfidamente	背信弃义地	bèi xìn qì yì de
declaração (f) de guerra	宣战	xuān zhàn

declarar (vt) guerra	宣战	xuān zhàn
agressão (f)	侵略	qīn lüè
atacar (vt)	侵略	qīn lüè
invadir (vt)	侵略	qīn lüè
invasor (m)	侵略者	qīn lüè zhě
conquistador (m)	征服者	zhēng fú zhě
defesa (f)	国防	guó fáng
defender (vt)	保卫	bǎo wèi
defender-se (vr)	保卫	bǎo wèi
inimigo, adversário (m)	敌人	dí rén
inimigo	敌人的	dí rén de
estratégia (f)	战略	zhàn lüè
tática (f)	战术	zhàn shù
ordem (f)	命令	mìng lìng
comando (m)	命令	mìng lìng
ordenar (vt)	命令	mìng lìng
missão (f)	任务	rèn wu
secreto	秘密的	mì mì de
batalha (f)	会战	huì zhàn
combate (m)	战斗	zhàn dòu
ataque (m)	袭击	xí jī
assalto (m)	攻陷, 猛攻	gōng xiàn, měng gōng
assaltar (vt)	猛攻	měng gōng
assédio, sítio (m)	包围	bāo wéi
ofensiva (f)	进攻	jìn gōng
passar à ofensiva	进攻	jìn gōng
retirada (f)	退却	tuì què
retirar-se (vr)	退却	tuì què
cerco (m)	包围	bāo wéi
cercar (vt)	包围	bāo wéi
bombardeio (m)	轰炸	hōng zhà
lançar uma bomba	投弹	tóu dàn
bombardear (vt)	轰炸	hōng zhà
explosão (f)	爆炸	bào zhà
tiro (m)	射击	shè jī
disparar um tiro	射击	shè jī
tiroteio (m)	枪击事件	qiāng jī shì jiàn
apontar para ...	瞄准	miáo zhǔn
apontar (vt)	瞄准	miáo zhǔn
acertar (vt)	击中	jī zhòng
afundar (um navio)	击沉	jī chén
brecha (f)	洞	dòng

afundar-se (vr)	沉没	chén mò
frente (m)	前线	qián xiàn
evacuação (f)	疏散	shū sàn
evacuar (vt)	疏散	shū sàn
arame (m) farpado	倒钩铁丝	dǎo gōu tiě sī
obstáculo (m) anticarro	障碍物	zhàng ài wù
torre (f) de vigia	岗楼	gǎng lóu
hospital (m)	医院	yī yuàn
ferir (vt)	打伤	dǎ shāng
ferida (f)	伤口	shāng kǒu
ferido (m)	伤员	shāng yuán
ficar ferido	受伤	shòu shāng
grave (ferida ~)	严重的	yán zhòng de

113. Guerra. Ações militares. Parte 2

cativeiro (m)	囚禁	qiú jìn
capturar (vt)	俘虏	fúlǔ
estar em cativeiro	当 … 俘虏	dāng … fúlǔ
ser aprisionado	被 … 俘虏	bèi … fúlǔ
campo (m) de concentração	集中营	jí zhōng yíng
prisioneiro (m) de guerra	战俘	zhàn fú
escapar (vi)	逃脱	táo tuō
trair (vt)	背叛	bèi pàn
traidor (m)	叛徒	pàn tú
traição (f)	背叛	bèi pàn
fuzilar, executar (vt)	枪决	qiāng jué
fuzilamento (m)	枪毙	qiāng bì
equipamento (m)	制服	zhì fú
platina (f)	肩章	jiān zhāng
máscara (f) antigás	防毒面具	fáng dú miàn jù
rádio (m)	无线电台	wú xiàn diàn tái
cifra (f), código (m)	密码	mì mǎ
conspiração (f)	秘密活动	mì mì huó dòng
senha (f)	口令	kǒu lìng
mina (f)	地雷	dì léi
minar (vt)	布雷	bù léi
campo (m) minado	地雷区	dì léi qū
alarme (m) aéreo	防空警报	fáng kōng jǐng bào
alarme (m)	警报	jǐng bào
sinal (m)	信号	xìn hào
sinalizador (m)	信号弹	xìn hào dàn
estado-maior (m)	司令部	sī lìng bù
reconhecimento (m)	侦察	zhēn chá

situação (f)	情况	qíng kuàng
relatório (m)	报告	bào gào
emboscada (f)	埋伏	mái fu
reforço (m)	增援部队	zēng yuán bù duì
alvo (m)	靶子	bǎ zi
campo (m) de tiro	靶场	bǎ chǎng
manobras (f pl)	演习	yǎn xí
pânico (m)	惊慌	jīng huāng
devastação (f)	破坏	pò huài
ruínas (f pl)	废墟	fèi xū
destruir (vt)	破坏	pò huài
sobreviver (vi)	活下来	huó xiàlai
desarmar (vt)	解除武装	jiěchú wǔzhuāng
manusear (vt)	操纵	cāo zòng
Firmes!	立正!	lì zhèng!
Descansar!	稍息!	shào xī!
façanha (f)	英雄业绩	yīng xióng yèjì
juramento (m)	誓言	shì yán
jurar (vi)	发誓	fā shì
condecoração (f)	勋章	xūn zhāng
condecorar (vt)	奖赏	jiǎng shǎng
medalha (f)	奖章	jiǎng zhāng
ordem (f)	勋章	xūn zhāng
vitória (f)	胜利	shèng lì
derrota (f)	失败	shī bài
armistício (m)	休战	xiū zhàn
bandeira (f)	旗	qí
glória (f)	光荣	guāng róng
desfile (m) militar	阅兵	yuè bīng
marchar (vi)	列队行进	liè duì xíng jìn

114. Armas

arma (f)	武器	wǔ qì
arma (f) de fogo	火器	huǒ qì
arma (f) branca	冷兵器	lěng bīng qì
arma (f) química	化学武器	huà xué wǔ qì
nuclear	核 …	hé …
arma (f) nuclear	核武器	hé wǔ qì
bomba (f)	炸弹	zhà dàn
bomba (f) atómica	原子弹	yuán zǐ dàn
pistola (f)	手枪	shǒu qiāng
caçadeira (f)	火枪	huǒ qiāng

pistola-metralhadora (f)	冲锋枪	chōng fēng qiāng
metralhadora (f)	机枪	jī qiāng
boca (f)	枪口	qiāng kǒu
cano (m)	枪管	qiāng guǎn
calibre (m)	口径	kǒu jìng
gatilho (m)	扳机	bān jī
mira (f)	瞄准器	miáo zhǔn qì
carregador (m)	弹匣	dàn xiá
coronha (f)	枪托	qiāng tuō
granada (f) de mão	手榴弹	shǒu liú dàn
explosivo (m)	炸药	zhà yào
bala (f)	子弹	zǐdàn
cartucho (m)	枪弹	qiāng dàn
carga (f)	弹药，火药	dàn yào, huǒ yào
munições (f pl)	弹药	dàn yào
bombardeiro (m)	轰炸机	hōng zhà jī
avião (m) de caça	歼击机	jiān jī jī
helicóptero (m)	直升飞机	zhí shēng fēi jī
canhão (m) antiaéreo	高射炮	gāo shè pào
tanque (m)	坦克	tǎn kè
canhão (de um tanque)	坦克炮	tǎn kè pào
artilharia (f)	炮	pào
fazer a pontaria	瞄准	miáo zhǔn
obus (m)	炮弹	pào dàn
granada (f) de morteiro	迫击炮榴弹	pǎi jī pào liú dàn
morteiro (m)	迫击炮	pǎi jī pào
estilhaço (m)	碎片	suì piàn
submarino (m)	潜水艇	qián shuǐ tǐng
torpedo (m)	鱼雷	yú léi
míssil (m)	导弹	dǎo dàn
carregar (uma arma)	装弹	zhuāng dàn
atirar, disparar (vi)	射击	shè jī
apontar para …	瞄准	miáo zhǔn
baioneta (f)	刺刀	cìdāo
espada (f)	重剑	zhòng jiàn
sabre (m)	马刀	mǎ dāo
lança (f)	矛	máo
arco (m)	弓	gōng
flecha (f)	箭	jiàn
mosquete (m)	火枪	huǒ qiāng
besta (f)	弩，石弓	nǔ, shí gōng

115. Povos da antiguidade

primitivo	原始的	yuán shǐ de
pré-histórico	史前的	shǐ qián de
antigo	古代的	gǔ dài de
Idade (f) da Pedra	石器时代	shí qì shí dài
Idade (f) do Bronze	青铜时代	qīng tóng shí dài
período (m) glacial	冰河时代	bīng hé shí dài
tribo (f)	部落	bù luò
canibal (m)	食人族	shí rén zú
caçador (m)	猎人	liè rén
caçar (vi)	打猎	dǎ liè
mamute (m)	猛犸	měng mǎ
caverna (f)	洞穴	dòng xué
fogo (m)	火	huǒ
fogueira (f)	火堆	huǒ duī
pintura (f) rupestre	岩画	yán huà
ferramenta (f)	工具	gōng jù
lança (f)	矛	máo
machado (m) de pedra	石斧子	shí fǔ zi
guerrear (vt)	开战	kāi zhàn
domesticar (vt)	驯养	xùn yǎng
ídolo (m)	偶像	ǒu xiàng
adorar, venerar (vt)	崇拜	chóng bài
superstição (f)	迷信	mí xìn
evolução (f)	进化	jìn huà
desenvolvimento (m)	发展	fā zhǎn
desaparecimento (m)	消失	xiāo shī
adaptar-se (vr)	适应	shì yìng
arqueologia (f)	考古学	kǎo gǔ xué
arqueólogo (m)	考古学家	kǎo gǔ xué jiā
arqueológico	考古学的	kǎo gǔ xué de
local (m) das escavações	考古发掘现场	kǎo gǔ fā jué xiàn chǎng
escavações (f pl)	考古发掘工作	kǎo gǔ fā jué gōng zuò
achado (m)	发现	fā xiàn
fragmento (m)	碎片，碎块	suì piàn, suì kuài

116. Idade média

povo (m)	民族	mín zú
povos (m pl)	民族	mín zú
tribo (f)	部落	bù luò
tribos (f pl)	部落	bù luò
bárbaros (m pl)	野蛮人	yě mán rén
gauleses (m pl)	高卢人	gāo lú rén

godos (m pl)	哥特人	gē tè rén
eslavos (m pl)	斯拉夫人	sī lā fū rén
víquingues (m pl)	北欧海盗	běi ōu hǎi dào
romanos (m pl)	古罗马人	gǔ luó mǎ rén
romano	罗马的	luó mǎ de
bizantinos (m pl)	拜占庭人	bàizhàntíng rén
Bizâncio	拜占庭	bàizhàntíng
bizantino	拜占庭的	bàizhàntíng de
imperador (m)	皇帝	huáng dì
líder (m)	领袖	lǐng xiù
poderoso	强大的	qiáng dà de
rei (m)	国王	guó wáng
governante (m)	统治者	tǒng zhì zhě
cavaleiro (m)	骑士	qí shì
senhor feudal (m)	封建主	fēng jiàn zhǔ
feudal	封建的	fēng jiàn de
vassalo (m)	封臣	fēng chén
duque (m)	公爵	gōng jué
conde (m)	伯爵	bó jué
barão (m)	男爵	nán jué
bispo (m)	主教	zhǔ jiào
armadura (f)	盔甲	kuī jiǎ
escudo (m)	盾牌	dùn pái
espada (f)	剑	jiàn
viseira (f)	面甲	miàn jiǎ
cota (f) de malha	锁子甲	suǒ zǐ jiǎ
cruzada (f)	十字军远征	shízìjūn yuǎnzhēng
cruzado (m)	十字军战士	shízìjūn zhànshì
território (m)	领土	lǐng tǔ
atacar (vt)	侵略	qīn lüè
conquistar (vt)	征服	zhēng fú
ocupar, invadir (vt)	侵占	qīn zhàn
assédio, sítio (m)	包围	bāo wéi
sitiado	包围的	bāo wéi de
assediar, sitiar (vt)	包围	bāo wéi
inquisição (f)	宗教裁判所	zōngjiào cáipàn suǒ
inquisidor (m)	宗教裁判者	zōngjiào cáipàn zhě
tortura (f)	拷打	kǎo dǎ
cruel	残酷的	cán kù de
herege (m)	异教徒	yì jiào tú
heresia (f)	异教	yì jiào
navegação (f) marítima	航海	háng hǎi
pirata (m)	海盗	hǎi dào
pirataria (f)	海盗行为	hǎi dào xíng wéi
abordagem (f)	接舷战	jiē xián zhàn

presa (f), butim (m)	赃物	zāng wù
tesouros (m pl)	宝物	bǎo wù
descobrimento (m)	发现	fā xiàn
descobrir (novas terras)	发现	fā xiàn
expedição (f)	探险	tàn xiǎn
mosqueteiro (m)	火枪兵	huǒ qiāng bīng
cardeal (m)	红衣主教	hóng yī zhǔ jiào
heráldica (f)	徽章学	huī zhāng xué
heráldico	徽章学的	huī zhāng xué de

117. Líder. Chefe. Autoridades

rei (m)	国王	guó wáng
rainha (f)	王后，女王	wáng hòu, nǚ wáng
real	皇家的	huáng jiā de
reino (m)	王国	wáng guó
príncipe (m)	王子	wáng zǐ
princesa (f)	公主	gōng zhǔ
presidente (m)	总统	zǒng tǒng
vice-presidente (m)	副总统	fù zǒng tǒng
senador (m)	参议院	cān yì yuàn
monarca (m)	君主	jūn zhǔ
governante (m)	统治者	tǒng zhì zhě
ditador (m)	独裁者	dú cái zhě
tirano (m)	暴君	bào jūn
magnata (m)	大亨	dà hēng
diretor (m)	经理	jīng lǐ
chefe (m)	老板	lǎo bǎn
dirigente (m)	主管人	zhǔ guǎn rén
patrão (m)	老板	lǎo bǎn
dono (m)	业主	yè zhǔ
chefe (~ de delegação)	团长	tuán zhǎng
autoridades (f pl)	当局	dāng jú
superiores (m pl)	管理层	guǎn lǐ céng
governador (m)	省长	shěng zhǎng
cônsul (m)	领事	lǐng shì
diplomata (m)	外交官	wài jiāo guān
Presidente (m) da Câmara	市长	shì zhǎng
xerife (m)	县治安官	xiàn zhì ān guān
imperador (m)	皇帝	huáng dì
czar (m)	沙皇	shā huáng
faraó (m)	法老	fǎ lǎo
cã (m)	可汗	kè hán

118. Viloação da lei. Criminosos. Parte 1

bandido (m)	匪徒	fěi tú
crime (m)	罪行	zuì xíng
criminoso (m)	罪犯	zuì fàn
ladrão (m)	小偷	xiǎo tōu
roubar (vt)	偷窃	tōu qiè
furto (m)	偷盗	tōu dào
furto (m)	偷窃	tōu qiè
raptar (ex. ~ uma criança)	绑票	bǎng piào
rapto (m)	绑架罪	bǎng jià zuì
raptor (m)	绑票者	bǎng piào zhě
resgate (m)	赎金	shú jīn
pedir resgate	要赎金	yào shú jīn
roubar (vt)	抢劫	qiǎng jié
assaltante (m)	抢劫犯	qiǎng jié fàn
extorquir (vt)	敲诈	qiāo zhà
extorsionário (m)	敲诈者	qiāo zhà zhě
extorsão (f)	敲诈罪	qiāo zhà zuì
matar, assassinar (vt)	杀死	shā sǐ
homicídio (m)	杀人	shā rén
homicida, assassino (m)	杀人犯	shā rén fàn
tiro (m)	射击	shè jī
dar um tiro	射击	shè jī
matar a tiro	枪杀	qiāng shā
atirar, disparar (vi)	射击	shè jī
tiroteio (m)	枪击事件	qiāng jī shì jiàn
incidente (m)	事故	shì gù
briga (~ de rua)	打架，打斗	dǎ jià, dǎ dòu
Socorro!	救命！	jiù mìng!
vítima (f)	受害者	shòu hài zhě
danificar (vt)	毁坏	huǐ huài
dano (m)	损失	sǔn shī
cadáver (m)	尸体	shī tǐ
grave	严重的	yán zhòng de
atacar (vt)	攻击	gōng jī
bater (espancar)	打	dǎ
espancar (vt)	痛打	tòng dǎ
tirar, roubar (dinheiro)	夺走	duó zǒu
esfaquear (vt)	捅死	tǒng sǐ
mutilar (vt)	把 … 打成残废	bǎ … dǎchéng cánfèi
ferir (vt)	打伤	dǎ shāng
chantagem (f)	勒索	lè suǒ
chantagear (vt)	勒索	lè suǒ

chantagista (m)	勒索者	lè suǒ zhě
extorsão (em troca de proteção)	敲诈罪	qiāo zhà zuì
extorsionário (m)	敲诈者	qiāo zhà zhě
gângster (m)	歹徒	dǎi tú
máfia (f)	黑手党	hēi shǒu dǎng
carteirista (m)	小偷	xiǎo tōu
assaltante, ladrão (m)	破门盗窃者	pò mén dào qiè zhě
contrabando (m)	走私	zǒu sī
contrabandista (m)	走私者	zǒu sī zhě
falsificação (f)	伪造品	wěi zào pǐn
falsificar (vt)	伪造	wěi zào
falsificado	伪造的	wěi zào de

119. Viloação da lei. Criminosos. Parte 2

violação (f)	强奸	qiáng jiān
violar (vt)	强奸	qiáng jiān
violador (m)	强奸犯	qiáng jiān fàn
maníaco (m)	疯子	fēng zi
prostituta (f)	卖淫者，妓女	mài yín zhě, jì nǚ
prostituição (f)	卖淫	mài yín
chulo (m)	皮条客	pí tiáo kè
toxicodependente (m)	吸毒者	xī dú zhě
traficante (m)	毒贩子	dú fàn zi
explodir (vt)	炸毁	zhà huǐ
explosão (f)	爆炸	bào zhà
incendiar (vt)	放火	fàng huǒ
incendiário (m)	纵火犯	zòng huǒ fàn
terrorismo (m)	恐怖主义	kǒng bù zhǔ yì
terrorista (m)	恐怖分子	kǒng bù fèn zǐ
refém (m)	人质	rén zhì
enganar (vt)	欺骗	qī piàn
engano (m)	欺骗行为	qī piàn xíng wéi
vigarista (m)	骗子	piàn zi
subornar (vt)	贿赂	huì lù
suborno (atividade)	贿赂	huì lù
suborno (dinheiro)	贿赂	huì lù
veneno (m)	毒物，毒药	dú wù, dú yào
envenenar (vt)	毒死	dú sǐ
envenenar-se (vr)	服毒自杀	fú dú zì shā
suicídio (m)	自杀	zì shā
suicida (m)	自杀者	zì shā zhě
ameaçar (vt)	威胁	wēi xié

ameaça (f)	威胁	wēi xié
atentar contra a vida de …	犯罪未遂	fànzuì wèisuì
atentado (m)	杀人企图	shā rén qǐ tú
roubar (o carro)	偷	tōu
desviar (o avião)	劫持	jié chí
vingança (f)	报仇	bào chóu
vingar (vt)	报 … 之仇	bào … zhī chóu
torturar (vt)	拷打	kǎo dǎ
tortura (f)	拷打	kǎo dǎ
atormentar (vt)	虐待	nüè dài
pirata (m)	海盗	hǎi dào
desordeiro (m)	流氓	liú máng
armado	携带武器的	xié dài wǔ qì de
violência (f)	暴力	bào lì
espionagem (f)	间谍活动	jiàn dié huó dòng
espionar (vi)	充当间谍	chōng dāng jiàn dié

120. Polícia. Lei. Parte 1

justiça (f)	司法	sī fǎ
tribunal (m)	法院	fǎ yuàn
juiz (m)	法官	fǎ guān
jurados (m pl)	陪审团成员	péi shěn tuán chéng yuán
tribunal (m) do júri	陪审团审判	péi shěn tuán shěn pàn
julgar (vt)	审判	shěn pàn
advogado (m)	辩护人	biàn hù rén
réu (m)	被告	bèi gào
banco (m) dos réus	被告席	bèi gào xí
acusação (f)	指控	zhǐ kòng
acusado (m)	被告	bèi gào
sentença (f)	判决	pàn jué
sentenciar (vt)	判处	pàn chǔ
culpado (m)	有罪的人	yǒu zuì de rén
punir (vt)	惩罚	chéng fá
punição (f)	惩罚	chéng fá
multa (f)	罚款	fá kuǎn
prisão (f) perpétua	无期徒刑	wú qī tú xíng
pena (f) de morte	死刑	sǐ xíng
cadeira (f) elétrica	电椅	diàn yǐ
forca (f)	绞刑架	jiǎo xíng jià
executar (vt)	处决	chǔ jué
execução (f)	死刑	sǐ xíng

prisão (f)	监狱	jiā nyù
cela (f) de prisão	单人牢房	dān rén láo fáng
escolta (f)	护送队	hù sòng duì
guarda (m) prisional	狱警	yù jǐng
preso (m)	犯人，囚犯	fàn rén, qiú fàn
algemas (f pl)	手铐	shǒu kào
algemar (vt)	戴上手铐	dài shang shǒu kào
fuga, evasão (f)	逃跑	táo pǎo
fugir (vi)	逃跑	táo pǎo
desaparecer (vi)	消失	xiāo shī
soltar, libertar (vt)	获释	huò shì
amnistia (f)	赦免	shè miǎn
polícia (instituição)	警察	jǐng chá
polícia (m)	警察	jǐng chá
esquadra (f) de polícia	警察局	jǐng chá jú
cassetete (m)	警棍	jǐng gùn
megafone (m)	扩音器	kuò yīn qì
carro (m) de patrulha	巡逻车	xún luó chē
sirene (f)	警报器	jǐng bào qì
ligar a sirene	开警报器	kāi jǐng bào qì
toque (m) da sirene	警报器声	jǐng bào qì shēng
cena (f) do crime	犯罪现场	fànzuì xiànchǎng
testemunha (f)	目击者	mù jī zhě
liberdade (f)	自由	zì yóu
cúmplice (m)	同犯，共犯	tóng fàn, gòng fàn
escapar (vi)	逃脱	táo tuō
traço (não deixar ~s)	脚印	jiǎo yìn

121. Polícia. Lei. Parte 2

procura (f)	寻找	xún zhǎo
procurar (vt)	寻找	xún zhǎo
suspeita (f)	怀疑	huái yí
suspeito	令人怀疑的	lìng rén huái yí de
parar (vt)	拦住	lán zhù
deter (vt)	扣押，拘留	kòu yā, jū liú
caso (criminal)	案件，案子	àn jiàn, àn zi
investigação (f)	侦查	zhēn chá
detetive (m)	侦探	zhēn tàn
investigador (m)	侦查员	zhēn chá yuán
versão (f)	说法	shuō fa
motivo (m)	动机	dòng jī
interrogatório (m)	讯问，审问	xùn wèn, shěn wèn
interrogar (vt)	审问	shěn wèn
questionar (vt)	询问	xún wèn
verificação (f)	检查	jiǎn chá

batida (f) policial	围捕	wéi bǔ
busca (f)	搜查	sōu chá
perseguição (f)	追捕	zhuī bǔ
perseguir (vt)	追踪	zhuī zōng
seguir (vt)	监视	jiān shì
prisão (f)	逮捕	dài bǔ
prender (vt)	拘捕	jū bǔ
pegar, capturar (vt)	逮住	dǎi zhù
captura (f)	捕获	bǔ huò
documento (m)	文件	wén jiàn
prova (f)	证据	zhèng jù
provar (vt)	证明	zhèng míng
pegada (f)	脚印	jiǎo yìn
impressões (f pl) digitais	指纹	zhǐ wén
prova (f)	证据	zhèng jù
álibi (m)	托辞	tuō cí
inocente	无罪的	wú zuì de
injustiça (f)	非正义	fēi zhèng yì
injusto	不公正的	bù gōng zhèng de
criminal	刑事的	xíng shì de
confiscar (vt)	没收	mò shōu
droga (f)	毒品	dú pǐn
arma (f)	武器	wǔ qì
desarmar (vt)	缴械	jiǎo xiè
ordenar (vt)	命令	mìng lìng
desaparecer (vi)	消失	xiāo shī
lei (f)	法律	fǎ lǜ
legal	合法的	hé fǎ de
ilegal	非法的	fēi fǎ de
responsabilidade (f)	责任	zé rèn
responsável	负责的	fù zé de

NATUREZA

A Terra. Parte 1

122. Espaço sideral

cosmos (m)	宇宙	yǔ zhòu
cósmico	宇宙的，太空	yǔ zhòu de, tài kōng
espaço (m) cósmico	外层空间	wài céng kōng jiān
mundo, universo (m)	宇宙	yǔ zhòu
galáxia (f)	银河系	yín hé xì
estrela (f)	星，恒星	xīng, héng xīng
constelação (f)	星座	xīng zuò
planeta (m)	行星	xíng xīng
satélite (m)	卫星	wèi xīng
meteorito (m)	陨石	yǔn shí
cometa (m)	彗星	huì xīng
asteroide (m)	小行星	xiǎo xíng xīng
órbita (f)	轨道	guǐ dào
girar (vi)	公转	gōng zhuàn
atmosfera (f)	大气层	dà qì céng
Sol (m)	太阳	tài yáng
Sistema (m) Solar	太阳系	tài yáng xì
eclipse (m) solar	日食	rì shí
Terra (f)	地球	dì qiú
Lua (f)	月球	yuè qiú
Marte (m)	火星	huǒ xīng
Vénus (f)	金星	jīn xīng
Júpiter (m)	木星	mù xīng
Saturno (m)	土星	tǔ xīng
Mercúrio (m)	水星	shuǐ xīng
Urano (m)	天王星	tiān wáng xīng
Neptuno (m)	海王星	hǎi wáng xīng
Plutão (m)	冥王星	míng wáng xīng
Via Láctea (f)	银河	yín hé
Ursa Maior (f)	大熊座	dà xióng zuò
Estrela Polar (f)	北极星	běi jí xīng
marciano (m)	火星人	huǒ xīng rén
extraterrestre (m)	外星人	wài xīng rén

alienígena (m)	外星人	wài xīng rén
disco (m) voador	飞碟	fēi dié
nave (f) espacial	宇宙飞船	yǔ zhòu fēi chuán
estação (f) orbital	宇宙空间站	yǔ zhòu kōng jiān zhàn
lançamento (m)	发射	fā shè
motor (m)	发动机	fā dòng jī
bocal (m)	喷嘴	pēn zuǐ
combustível (m)	燃料	rán liào
cabine (f)	座舱	zuò cāng
antena (f)	天线	tiān xiàn
vigia (f)	舷窗	xián chuāng
bateria (f) solar	太阳能电池	tàiyáng néng diànchí
traje (m) espacial	太空服	tài kōng fú
imponderabilidade (f)	失重	shī zhòng
oxigénio (m)	氧气	yǎng qì
acoplagem (f)	对接	duì jiē
fazer uma acoplagem	对接	duì jiē
observatório (m)	天文台	tiānwén tái
telescópio (m)	天文望远镜	tiānwén wàngyuǎnjìng
observar (vt)	观察到	guān chá dào
explorar (vt)	探索	tàn suǒ

123. A Terra

Terra (f)	地球	dì qiú
globo terrestre (Terra)	地球	dì qiú
planeta (m)	行星	xíng xīng
atmosfera (f)	大气层	dà qì céng
geografia (f)	地理学	dì lǐ xué
natureza (f)	自然界	zì rán jiè
globo (mapa esférico)	地球仪	dì qiú yí
mapa (m)	地图	dì tú
atlas (m)	地图册	dì tú cè
Europa (f)	欧洲	oūzhōu
Ásia (f)	亚洲	yàzhōu
África (f)	非洲	fēizhōu
Austrália (f)	澳洲	àozhōu
América (f)	美洲	měizhōu
América (f) do Norte	北美洲	běiměizhōu
América (f) do Sul	南美洲	nánměizhōu
Antártida (f)	南极洲	nánjízhōu
Ártico (m)	北极地区	běijídìqū

124. Pontos cardeais

norte (m)	北方	běi fāng
para norte	朝北	cháo běi
no norte	在北方	zài běi fāng
do norte	北方的	běi fāng de
sul (m)	南方	nán fāng
para sul	朝南	cháo nán
no sul	在南方	zài nán fāng
do sul	南方的	nán fāng de
oeste, ocidente (m)	西方	xī fāng
para oeste	朝西	cháo xī
no oeste	在西方	zài xī fāng
ocidental	西方的	xī fāng de
leste, oriente (m)	东方	dōng fāng
para leste	朝东	cháo dōng
no leste	在东方	zài dōng fāng
oriental	东方的	dōng fāng de

125. Mar. Oceano

mar (m)	海，大海	hǎi, dà hǎi
oceano (m)	海洋，大海	hǎi yáng, dà hǎi
golfo (m)	海湾	hǎi wān
estreito (m)	海峡	hǎi xiá
terra (f) firme	陆地	lù dì
continente (m)	大陆，洲	dà lù, zhōu
ilha (f)	岛，海岛	dǎo, hǎi dǎo
península (f)	半岛	bàn dǎo
arquipélago (m)	群岛	qún dǎo
baía (f)	海湾	hǎi wān
porto (m)	港口	gǎng kǒu
lagoa (f)	泻湖	xiè hú
cabo (m)	海角	hǎi jiǎo
atol (m)	环状珊瑚岛	huánzhuàng shānhúdǎo
recife (m)	礁	jiāo
coral (m)	珊瑚	shān hú
recife (m) de coral	珊瑚礁	shān hú jiāo
profundo	深的	shēn de
profundidade (f)	深度	shēn dù
abismo (m)	深渊	shēn yuān
fossa (f) oceânica	海沟	hǎi gōu
corrente (f)	水流	shuǐ liú
banhar (vt)	环绕	huán rào
litoral (m)	岸	àn

costa (f)	海岸，海滨	hǎi àn, hǎi bīn
maré (f) alta	高潮	gāo cháo
refluxo (m), maré (f) baixa	落潮	luò cháo
restinga (f)	沙洲	shā zhōu
fundo (m)	海底	hǎi dǐ
onda (f)	波浪	bō làng
crista (f) da onda	浪峰	làng fēng
espuma (f)	泡沫	pào mò
tempestade (f)	风暴	fēng bào
furacão (m)	飓风	jù fēng
tsunami (m)	海啸	hǎi xiào
calmaria (f)	风平浪静	fēng píng làng jìng
calmo	平静的	píng jìng de
polo (m)	北极	běi jí
polar	北极的	běi jí de
latitude (f)	纬度	wěi dù
longitude (f)	经度	jīng dù
paralela (f)	纬线	wěi xiàn
equador (m)	赤道	chì dào
céu (m)	天	tiān
horizonte (m)	地平线	dì píng xiàn
ar (m)	空气	kōng qì
farol (m)	灯塔	dēng tǎ
mergulhar (vi)	跳水	tiào shuǐ
afundar-se (vr)	沉没	chén mò
tesouros (m pl)	宝物	bǎo wù

126. Nomes de Mares e Oceanos

Oceano (m) Atlântico	大西洋	dà xī yáng
Oceano (m) Índico	印度洋	yìn dù yáng
Oceano (m) Pacífico	太平洋	tài píng yáng
Oceano (m) Ártico	北冰洋	běi bīng yáng
Mar (m) Negro	黑海	hēi hǎi
Mar (m) Vermelho	红海	hóng hǎi
Mar (m) Amarelo	黄海	huáng hǎi
Mar (m) Branco	白海	bái hǎi
Mar (m) Cáspio	里海	lǐ hǎi
Mar (m) Morto	死海	sǐ hǎi
Mar (m) Mediterrâneo	地中海	dìzhōng hǎi
Mar (m) Egeu	爱琴海	àiqín hǎi
Mar (m) Adriático	亚得里亚海	yàdélǐyà hǎi
Mar (m) Arábico	阿拉伯海	ālābó hǎi
Mar (m) do Japão	日本海	rìběn hǎi

Mar (m) de Bering	白令海	báilìng hǎi
Mar (m) da China Meridional	南海	nán hǎi
Mar (m) de Coral	珊瑚海	shānhú hǎi
Mar (m) de Tasman	塔斯曼海	tǎsīmàn hǎi
Mar (m) do Caribe	加勒比海	jiālèbǐ hǎi
Mar (m) de Barents	巴伦支海	bālúnzhī hǎi
Mar (m) de Kara	喀拉海	kālā hǎi
Mar (m) do Norte	北海	běi hǎi
Mar (m) Báltico	波罗的海	bōluódì hǎi
Mar (m) da Noruega	挪威海	nuówēi hǎi

127. Montanhas

montanha (f)	山	shān
cordilheira (f)	山脉	shān mài
serra (f)	山脊	shān jǐ
cume (m)	山顶	shān dǐng
pico (m)	山峰	shān fēng
sopé (m)	山脚	shān jiǎo
declive (m)	山坡	shān pō
vulcão (m)	火山	huǒ shān
vulcão (m) ativo	活火山	huó huǒ shān
vulcão (m) extinto	死火山	sǐ huǒ shān
erupção (f)	喷发	pèn fā
cratera (f)	火山口	huǒ shān kǒu
magma (m)	岩浆	yán jiāng
lava (f)	熔岩	róng yán
fundido (lava ~a)	炽热的	chì rè de
desfiladeiro (m)	峡谷	xiá gǔ
garganta (f)	峡谷	xiá gǔ
fenda (f)	裂缝	liè xià
passo, colo (m)	山口	shān kǒu
planalto (m)	高原	gāo yuán
falésia (f)	悬崖	xuán yá
colina (f)	小山	xiǎo shān
glaciar (m)	冰川，冰河	bīng chuān, bīng hé
queda (f) d'água	瀑布	pù bù
géiser (m)	间歇泉	jiàn xiē quán
lago (m)	湖	hú
planície (f)	平原	píng yuán
paisagem (f)	风景	fēng jǐng
eco (m)	回声	huí shēng
alpinista (m)	登山家	dēng shān jiā
escalador (m)	攀岩者	pān yán zhě

conquistar (vt)	征服	zhēng fú
subida, escalada (f)	登山	dēng shān

128. Nomes de montanhas

Alpes (m pl)	阿尔卑斯	āěrbēisī
monte Branco (m)	勃朗峰	bólǎngfēng
Pirineus (m pl)	比利牛斯	bǐlìniúsī
Cárpatos (m pl)	喀尔巴阡	kāěrbāqiān
montes (m pl) Urais	乌拉尔山脉	wūlāěr shānmài
Cáucaso (m)	高加索	gāojiāsuǒ
Elbrus (m)	厄尔布鲁士山	èěrbùlǔshìshān
Altai (m)	阿尔泰	āěrtài
Tian Shan (m)	天山	tiānshān
Pamir (m)	帕米尔高原	pàmǐěr gāoyuán
Himalaias (m pl)	喜马拉雅山	xǐmǎlāyǎ shān
monte (m) Everest	珠穆朗玛峰	zhūmùlǎngmǎfēng
Cordilheira (f) dos Andes	安第斯	āndìsī
Kilimanjaro (m)	乞力马扎罗	qǐlìmǎzháluó

129. Rios

rio (m)	河，江	hé, jiāng
fonte, nascente (f)	泉，泉水	quán, quán shuǐ
leito (m) do rio	河床	hé chuáng
bacia (f)	流域	liú yù
desaguar no ...	流入	liú rù
afluente (m)	支流	zhī liú
margem (do rio)	岸	àn
corrente (f)	水流	shuǐ liú
rio abaixo	顺流而下	shùn liú ér xià
rio acima	溯流而上	sù liú ér shàng
inundação (f)	洪水	hóng shuǐ
cheia (f)	水灾	shuǐ zāi
transbordar (vi)	溢出	yì chū
inundar (vt)	淹没	yān mò
banco (m) de areia	浅水	qiǎn shuǐ
rápidos (m pl)	急流	jí liú
barragem (f)	坝，堤坝	bà, dī bà
canal (m)	运河	yùn hé
reservatório (m) de água	水库	shuǐ kù
eclusa (f)	水闸	shuǐ zhá
corpo (m) de água	水体	shuǐ tǐ
pântano (m)	沼泽	zhǎo zé

tremedal (m)	烂泥塘	làn ní táng
remoinho (m)	漩涡	xuàn wō
arroio, regato (m)	小溪	xiǎo xī
potável	饮用的	yǐn yòng de
doce (água)	淡水的	dàn shuǐ de
gelo (m)	冰	bīng
congelar-se (vr)	封冻	fēng dòng

130. Nomes de rios

rio Sena (m)	塞纳河	sènà hé
rio Loire (m)	卢瓦尔河	lúwǎěr hé
rio Tamisa (m)	泰晤士河	tàiwùshì hé
rio Reno (m)	莱茵河	láiyīn hé
rio Danúbio (m)	多瑙河	duōnǎo hé
rio Volga (m)	伏尔加河	fúěrjiā hé
rio Don (m)	顿河	dùn hé
rio Lena (m)	勒拿河	lèná hé
rio Amarelo (m)	黄河	huáng hé
rio Yangtzé (m)	长江	chángjiāng
rio Mekong (m)	湄公河	méigōng hé
rio Ganges (m)	恒河	héng hé
rio Nilo (m)	尼罗河	níluó hé
rio Congo (m)	刚果河	gāngguǒ hé
rio Cubango (m)	奥卡万戈河	àokǎwàngē hé
rio Zambeze (m)	赞比亚河	zànbǐyà hé
rio Limpopo (m)	林波波河	línbōbō hé
rio Mississípi (m)	密西西比河	mìxīxībǐ hé

131. Floresta

floresta (f), bosque (m)	森林，树林	sēn lín, shù lín
florestal	树林的	shù lín de
mata (f) cerrada	密林	mì lín
arvoredo (m)	小树林	xiǎo shù lín
clareira (f)	林中草地	lín zhōng cǎo dì
matagal (m)	灌木丛	guàn mù cóng
mato (m)	灌木林	guàn mù lín
vereda (f)	小道	xiǎo dào
ravina (f)	冲沟	chōng gōu
árvore (f)	树，乔木	shù, qiáo mù
folha (f)	叶子	yè zi

folhagem (f)	树叶	shù yè
queda (f) das folhas	落叶	luò yè
cair (vi)	凋落	diāo luò
topo (m)	树梢	shù shāo
ramo (m)	树枝	shù zhī
galho (m)	粗树枝	cū shù zhī
botão, rebento (m)	芽	yá
agulha (f)	针叶	zhēn yè
pinha (f)	球果	qiú guǒ
buraco (m) de árvore	树洞	shù dòng
ninho (m)	鸟窝	niǎo wō
toca (f)	洞穴，兽穴	dòng xué, shòu xué
tronco (m)	树干	shù gàn
raiz (f)	树根	shù gēn
casca (f) de árvore	树皮	shùpí
musgo (m)	苔藓	tái xiǎn
arrancar pela raiz	根除	gēn chú
cortar (vt)	砍倒	kǎn dǎo
desflorestar (vt)	砍伐森林	kǎn fá sēn lín
toco, cepo (m)	树桩	shù zhuāng
fogueira (f)	篝火	gōu huǒ
incêndio (m) florestal	森林火灾	sēn lín huǒ zāi
apagar (vt)	扑灭	pū miè
guarda-florestal (m)	护林员	hù lín yuán
proteção (f)	保护	bǎo hù
proteger (a natureza)	保护	bǎo hù
caçador (m) furtivo	偷猎者	tōu liè zhě
armadilha (f)	陷阱	xiàn jǐng
colher (cogumelos, bagas)	采集	cǎi jí
perder-se (vr)	迷路	mí lù

132. Recursos naturais

recursos (m pl) naturais	自然资源	zìrán zī yuán
minerais (m pl)	矿物	kuàng wù
depósitos (m pl)	矿层	kuàng céng
jazida (f)	矿田	kuàng tián
extrair (vt)	开采	kāi cǎi
extração (f)	采矿业	cǎi kuàng yè
minério (m)	矿石	kuàng shí
mina (f)	矿，矿山	kuàng, kuàng shān
poço (m) de mina	矿井	kuàng jǐng
mineiro (m)	矿工	kuàng gōng
gás (m)	煤气	méi qì
gasoduto (m)	煤气管道	méi qì guǎn dào

petróleo (m)	石油	shí yóu
oleoduto (m)	油管	yóu guǎn
poço (m) de petróleo	石油钻塔	shí yóu zuān tǎ
torre (f) petrolífera	钻油塔	zuān yóu tǎ
petroleiro (m)	油船，油轮	yóu chuán, yóu lún
areia (f)	沙，沙子	shā, shā zi
calcário (m)	石灰石	shí huī shí
cascalho (m)	砾石	lì shí
turfa (f)	泥煤	ní méi
argila (f)	粘土	nián tǔ
carvão (m)	煤	méi
ferro (m)	铁	tiě
ouro (m)	黄金	huáng jīn
prata (f)	银	yín
níquel (m)	镍	niè
cobre (m)	铜	tóng
zinco (m)	锌	xīn
manganês (m)	锰	měng
mercúrio (m)	水银	shuǐ yín
chumbo (m)	铅	qiān
mineral (m)	矿物	kuàng wù
cristal (m)	结晶	jié jīng
mármore (m)	大理石	dà lǐ shí
urânio (m)	铀	yóu

A Terra. Parte 2

133. Tempo

tempo (m)	天气	tiān qì
previsão (f) do tempo	气象预报	qìxiàng yùbào
temperatura (f)	温度	wēn dù
termómetro (m)	温度表	wēn dù biǎo
barómetro (m)	气压表	qì yā biǎo
humidade (f)	空气湿度	kōng qì shī dù
calor (m)	炎热	yán rè
cálido	热的	rè de
está muito calor	天气热	tiān qì rè
está calor	天气暖	tiān qì nuǎn
quente	暖和的	nuǎn huo de
está frio	天气冷	tiān qì lěng
frio	冷的	lěng de
sol (m)	太阳	tài yáng
brilhar (vi)	发光	fā guāng
de sol, ensolarado	阳光充足的	yáng guāng chōng zú de
nascer (vi)	升起	shēng qǐ
pôr-se (vr)	落山	luò shān
nuvem (f)	云	yún
nublado	多云的	duō yún de
nuvem (f) preta	乌云	wū yún
escuro, cinzento	阴沉的	yīn chén de
chuva (f)	雨	yǔ
está a chover	下雨	xià yǔ
chuvoso	雨…，多雨的	yǔ …, duō yǔ de
chuviscar (vi)	下毛毛雨	xià máo máo yǔ
chuva (f) torrencial	倾盆大雨	qīng pén dà yǔ
chuvada (f)	暴雨	bào yǔ
forte (chuva)	大…	dà …
poça (f)	水洼	shuǐ wā
molhar-se (vr)	淋湿	lín shī
nevoeiro (m)	雾气	wù qì
de nevoeiro	多雾的	duō wù de
neve (f)	雪	xuě
está a nevar	下雪	xià xuě

134. Tempo extremo. Catástrofes naturais

trovoada (f)	大雷雨	dà léi yǔ
relâmpago (m)	闪电	shǎn diàn
relampejar (vi)	闪光	shǎn guāng
trovão (m)	雷，雷声	léi, léi shēng
trovejar (vi)	打雷	dǎ léi
está a trovejar	打雷	dǎ léi
granizo (m)	雹子	báo zi
está a cair granizo	下冰雹	xià bīng báo
inundar (vt)	淹没	yān mò
inundação (f)	洪水	hóng shuǐ
terremoto (m)	地震	dì zhèn
abalo, tremor (m)	震动	zhèn dòng
epicentro (m)	震中	zhèn zhōng
erupção (f)	喷发	pèn fā
lava (f)	熔岩	róng yán
turbilhão (m)	旋风	xuànfēng
tornado (m)	龙卷风	lóng juàn fēng
tufão (m)	台风	tái fēng
furacão (m)	飓风	jù fēng
tempestade (f)	风暴	fēng bào
tsunami (m)	海啸	hǎi xiào
ciclone (m)	气旋	qì xuán
mau tempo (m)	恶劣天气	è liè tiān qì
incêndio (m)	火灾	huǒ zāi
catástrofe (f)	灾难	zāi nàn
meteorito (m)	陨石	yǔn shí
avalanche (f)	雪崩	xuě bēng
deslizamento (m) de neve	雪崩	xuě bēng
nevasca (f)	暴风雪	bào fēng xuě
tempestade (f) de neve	暴风雪	bào fēng xuě

Fauna

135. Mamíferos. Predadores

predador (m)	捕食者	bǔ shí zhě
tigre (m)	老虎	lǎo hǔ
leão (m)	狮子	shī zi
lobo (m)	狼	láng
raposa (f)	狐狸	húli
jaguar (m)	美洲豹	měi zhōu bào
leopardo (m)	豹	bào
chita (f)	猎豹	liè bào
pantera (f)	豹	bào
puma (m)	美洲狮	měi zhōu shī
leopardo-das-neves (m)	雪豹	xuě bào
lince (m)	猞猁	shē lì
coiote (m)	丛林狼	cóng lín láng
chacal (m)	豺	chái
hiena (f)	鬣狗	liè gǒu

136. Animais selvagens

animal (m)	动物	dòng wù
besta (f)	兽	shòu
esquilo (m)	松鼠	sōng shǔ
ouriço (m)	刺猬	cì wei
lebre (f)	野兔	yě tù
coelho (m)	家兔	jiā tù
texugo (m)	獾	huān
guaxinim (m)	浣熊	huàn xióng
hamster (m)	仓鼠	cāng shǔ
marmota (f)	土拨鼠	tǔ bō shǔ
toupeira (f)	鼹鼠	yǎn shǔ
rato (m)	老鼠	lǎo shǔ
ratazana (f)	大家鼠	dà jiā shǔ
morcego (m)	蝙蝠	biān fú
arminho (m)	白鼬	bái yòu
zibelina (f)	黑貂	hēi diāo
marta (f)	貂	diāo
doninha (f)	银鼠	yín shǔ
vison (m)	水貂	shuǐ diāo

castor (m)	海狸	hǎi lí
lontra (f)	水獭	shuǐ tǎ
cavalo (m)	马	mǎ
alce (m)	驼鹿	tuó lù
veado (m)	鹿	lù
camelo (m)	骆驼	luò tuo
bisão (m)	美洲野牛	měizhōu yěniú
auroque (m)	欧洲野牛	ōuzhōu yěniú
búfalo (m)	水牛	shuǐ niú
zebra (f)	斑马	bān mǎ
antílope (m)	羚羊	líng yáng
corça (f)	狍子	páo zi
gamo (m)	扁角鹿	biǎn jiǎo lù
camurça (f)	岩羚羊	yán líng yáng
javali (m)	野猪	yě zhū
baleia (f)	鲸	jīng
foca (f)	海豹	hǎi bào
morsa (f)	海象	hǎi xiàng
urso-marinho (m)	海狗	hǎi gǒu
golfinho (m)	海豚	hǎi tún
urso (m)	熊	xióng
urso (m) branco	北极熊	běi jí xióng
panda (m)	熊猫	xióng māo
macaco (em geral)	猴子	hóu zi
chimpanzé (m)	黑猩猩	hēi xīng xing
orangotango (m)	猩猩	xīng xing
gorila (m)	大猩猩	dà xīng xing
macaco (m)	猕猴	mí hóu
gibão (m)	长臂猿	cháng bì yuán
elefante (m)	象	xiàng
rinoceronte (m)	犀牛	xī niú
girafa (f)	长颈鹿	cháng jǐng lù
hipopótamo (m)	河马	hé mǎ
canguru (m)	袋鼠	dài shǔ
coala (m)	树袋熊	shù dài xióng
mangusto (m)	猫鼬	māo yòu
chinchila (m)	毛丝鼠	máo sī shǔ
doninha-fedorenta (f)	臭鼬	chòu yòu
porco-espinho (m)	箭猪	jiàn zhū

137. Animais domésticos

gata (f)	母猫	mǔ māo
gato (m) macho	雄猫	xióng māo
cavalo (m)	马	mǎ

garanhão (m)	公马	gōng mǎ
égua (f)	母马	mǔ mǎ
vaca (f)	母牛	mǔ niú
touro (m)	公牛	gōng niú
boi (m)	阉牛	yān niú
ovelha (f)	羊，绵羊	yáng, mián yáng
carneiro (m)	公绵羊	gōng mián yáng
cabra (f)	山羊	shān yáng
bode (m)	公山羊	gōng shān yáng
burro (m)	驴	lǘ
mula (f)	骡子	luó zi
porco (m)	猪	zhū
leitão (m)	小猪	xiǎo zhū
coelho (m)	家兔	jiā tù
galinha (f)	母鸡	mǔ jī
galo (m)	公鸡	gōng jī
pata (f)	鸭子	yā zi
pato (macho)	公鸭子	gōng yā zi
ganso (m)	鹅	é
peru (m)	雄火鸡	xióng huǒ jī
perua (f)	火鸡	huǒ jī
animais (m pl) domésticos	家畜	jiā chù
domesticado	驯化的	xùn huà de
domesticar (vt)	驯化	xùn huà
criar (vt)	饲养	sì yǎng
quinta (f)	农场	nóng chǎng
aves (f pl) domésticas	家禽	jiā qín
gado (m)	牲畜	shēng chù
rebanho (m), manada (f)	群	qún
estábulo (m)	马厩	mǎ jiù
pocilga (f)	猪圈	zhū jiàn
estábulo (m)	牛棚	niú péng
coelheira (f)	兔舍	tù shè
galinheiro (m)	鸡窝	jī wō

138. Pássaros

pássaro (m), ave (f)	鸟	niǎo
pombo (m)	鸽子	gē zi
pardal (m)	麻雀	má què
chapim-real (m)	山雀	shān què
pega-rabuda (f)	喜鹊	xǐ què
corvo (m)	渡鸦	dù yā
gralha (f) cinzenta	乌鸦	wū yā

gralha-de-nuca-cinzenta (f)	穴鸟	xué niǎo
gralha-calva (f)	秃鼻乌鸦	tū bí wū yā
pato (m)	鸭子	yā zi
ganso (m)	鹅	é
faisão (m)	野鸡	yě jī
águia (f)	鹰	yīng
açor (m)	鹰, 隼	yīng, sǔn
falcão (m)	隼, 猎鹰	sǔn, liè yīng
abutre (m)	秃鹫	tū jiù
condor (m)	神鹰	shén yīng
cisne (m)	天鹅	tiān é
grou (m)	鹤	hè
cegonha (f)	鹳	guàn
papagaio (m)	鹦鹉	yīng wǔ
beija-flor (m)	蜂鸟	fēng niǎo
pavão (m)	孔雀	kǒng què
avestruz (m)	鸵鸟	tuó niǎo
garça (f)	鹭	lù
flamingo (m)	火烈鸟	huǒ liè niǎo
pelicano (m)	鹈鹕	tí hú
rouxinol (m)	夜莺	yè yīng
andorinha (f)	燕子	yàn zi
tordo-zornal (m)	田鸫	tián dōng
tordo-músico (m)	歌鸠	gē jiū
melro-preto (m)	乌鸫	wū dōng
andorinhão (m)	雨燕	yǔ yàn
cotovia (f)	云雀	yún què
codorna (f)	鹌鹑	ān chún
pica-pau (m)	啄木鸟	zhuó mù niǎo
cuco (m)	布谷鸟	bù gǔ niǎo
coruja (f)	猫头鹰	māo tóu yīng
corujão, bufo (m)	雕号鸟	diāo hào niǎo
tetraz-grande (m)	松鸡	sōng jī
tetraz-lira (m)	黑琴鸡	hēi qín jī
perdiz-cinzenta (f)	山鹑	shān chún
estorninho (m)	椋鸟	liáng niǎo
canário (m)	金丝雀	jīn sī què
galinha-do-mato (f)	花尾榛鸡	huā yǐ qín jī
tentilhão (m)	苍头燕雀	cāng tóu yàn què
dom-fafe (m)	红腹灰雀	hóng fù huī què
gaivota (f)	海鸥	hǎi ōu
albatroz (m)	信天翁	xìn tiān wēng
pinguim (m)	企鹅	qǐ é

139. Peixes. Animais marinhos

brema (f)	鳊鱼	biān yú
carpa (f)	鲤鱼	lǐyú
perca (f)	鲈鱼	lú yú
siluro (m)	鲶鱼	nián yú
lúcio (m)	狗鱼	gǒu yú
salmão (m)	鲑鱼	guī yú
esturjão (m)	鲟鱼	xú nyú
arenque (m)	鲱鱼	fēi yú
salmão (m)	大西洋鲑	dà xī yáng guī
cavala, sarda (f)	鲭鱼	qīng yú
solha (f)	比目鱼	bǐ mù yú
lúcio perca (m)	白梭吻鲈	bái suō wěn lú
bacalhau (m)	鳕鱼	xuě yú
atum (m)	金枪鱼	jīn qiāng yú
truta (f)	鳟鱼	zūn yú
enguia (f)	鳗鱼, 鳝鱼	mán yú, shàn yú
raia elétrica (f)	电鳐目	diàn yáo mù
moreia (f)	海鳝	hǎi shàn
piranha (f)	食人鱼	shí rén yú
tubarão (m)	鲨鱼	shā yú
golfinho (m)	海豚	hǎi tún
baleia (f)	鲸	jīng
caranguejo (m)	螃蟹	páng xiè
medusa, alforreca (f)	海蜇	hǎi zhē
polvo (m)	章鱼	zhāng yú
estrela-do-mar (f)	海星	hǎi xīng
ouriço-do-mar (m)	海胆	hǎi dǎn
cavalo-marinho (m)	海马	hǎi mǎ
ostra (f)	牡蛎	mǔ lì
camarão (m)	虾, 小虾	xiā, xiǎo xiā
lavagante (m)	鳌龙虾	áo lóng xiā
lagosta (f)	龙虾科	lóng xiā kē

140. Anfíbios. Répteis

serpente, cobra (f)	蛇	shé
venenoso	有毒的	yǒu dú de
víbora (f)	蝮蛇	fù shé
cobra-capelo, naja (f)	眼镜蛇	yǎn jìng shé
pitão (m)	蟒蛇	mǎng shé
jiboia (f)	大蟒蛇	dà mǎng shé
cobra-de-água (f)	水游蛇	shuǐ yóu shé

cascavel (f)	响尾蛇	xiǎng wěi shé
anaconda (f)	森蚺	sēn rán
lagarto (m)	蜥蜴	xī yì
iguana (f)	鬣鳞蜥	liè lín xī
varano (m)	巨蜥	jù xī
salamandra (f)	蝾螈	róng yuán
camaleão (m)	变色龙	biàn sè lóng
escorpião (m)	蝎子	xiē zi
tartaruga (f)	龟	guī
rã (f)	青蛙	qīng wā
sapo (m)	蟾蜍	chán chú
crocodilo (m)	鳄鱼	è yú

141. Insetos

inseto (m)	昆虫	kūn chóng
borboleta (f)	蝴蝶	hú dié
formiga (f)	蚂蚁	mǎ yǐ
mosca (f)	苍蝇	cāng ying
mosquito (m)	蚊子	wén zi
escaravelho (m)	甲虫	jiǎ chóng
vespa (f)	黄蜂	huáng fēng
abelha (f)	蜜蜂	mì fēng
mamangava (f)	熊蜂	xióng fēng
moscardo (m)	牛虻	niú méng
aranha (f)	蜘蛛	zhī zhū
teia (f) de aranha	蜘蛛网	zhī zhū wǎng
libélula (f)	蜻蜓	qīng tíng
gafanhoto-do-campo (m)	蝗虫	huáng chóng
traça (f)	蛾	é
barata (f)	蟑螂	zhāng láng
carraça (f)	壁虱	bì shī
pulga (f)	跳蚤	tiào zao
borrachudo (m)	蠓	měng
gafanhoto (m)	蝗虫	huáng chóng
caracol (m)	蜗牛	wō niú
grilo (m)	蟋蟀	xī shuài
pirilampo (m)	萤火虫	yíng huǒ chóng
joaninha (f)	瓢虫	piáo chóng
besouro (m)	大傈僳角金龟	dà lì sāi jiǎo jīn guī
sanguessuga (f)	水蛭	shuǐ zhì
lagarta (f)	毛虫	máo chóng
minhoca (f)	虫，蠕虫	chóng, rú chóng
larva (f)	幼虫	yòu chóng

Flora

142. Árvores

árvore (f)	树，乔木	shù, qiáo mù
decídua	每年落叶的	měi nián luò yè de
conífera	针叶树	zhēn yè shù
perene	常绿树	cháng lǜ shù
macieira (f)	苹果树	píngguǒ shù
pereira (f)	梨树	lí shù
cerejeira (f)	欧洲甜樱桃树	ōuzhōu tián yīngtáo shù
ginjeira (f)	樱桃树	yīngtáo shù
ameixeira (f)	李树	lǐ shù
bétula (f)	白桦，桦树	bái huà, huà shù
carvalho (m)	橡树	xiàng shù
tília (f)	椴树	duàn shù
choupo-tremedor (m)	山杨	shān yáng
bordo (m)	枫树	fēng shù
espruce-europeu (m)	枞树，杉树	cōng shù, shān shù
pinheiro (m)	松树	sōng shù
alerce, lariço (m)	落叶松	luò yè sōng
abeto (m)	冷杉	lěng shān
cedro (m)	雪松	xuě sōng
choupo, álamo (m)	杨	yáng
tramazeira (f)	花楸	huā qiū
salgueiro (m)	柳树	liǔ shù
amieiro (m)	赤杨	chì yáng
faia (f)	山毛榉	shān máo jǔ
ulmeiro (m)	榆树	yú shù
freixo (m)	白腊树	bái là shù
castanheiro (m)	栗树	lì shù
magnólia (f)	木兰	mù lán
palmeira (f)	棕榈树	zōng lǘ shù
cipreste (m)	柏树	bǎi shù
embondeiro, baobá (m)	猴面包树	hóu miàn bāo shù
eucalipto (m)	桉树	ān shù
sequoia (f)	红杉	hóng shān

143. Arbustos

arbusto (m)	灌木	guàn mù
arbusto (m), moita (f)	灌木	guàn mù

videira (f)	葡萄	pú tao
vinhedo (m)	葡萄园	pú táo yuán
framboeseira (f)	悬钩栗	xuán gōu lì
groselheira-vermelha (f)	红醋栗	hóng cù lì
groselheira (f) espinhosa	醋栗	cù lì
acácia (f)	金合欢	jīn hé huān
bérberis (f)	小檗	xiǎo bò
jasmim (m)	茉莉	mò li
juníparo (m)	刺柏	cì bǎi
roseira (f)	玫瑰丛	méi guī cóng
roseira (f) brava	犬蔷薇	quǎn qiáng wēi

144. Frutos. Bagas

maçã (f)	苹果	píng guǒ
pera (f)	梨	lí
ameixa (f)	李子	lǐ zi
morango (m)	草莓	cǎo méi
ginja (f)	樱桃	yīngtáo
cereja (f)	欧洲甜樱桃	oūzhōu tián yīngtáo
uva (f)	葡萄	pú tao
framboesa (f)	覆盆子	fù pén zi
groselha (f) preta	黑醋栗	hēi cù lì
groselha (f) vermelha	红醋栗	hóng cù lì
groselha (f) espinhosa	醋栗	cù lì
oxicoco (m)	小红莓	xiǎo hóng méi
laranja (f)	橙子	chén zi
tangerina (f)	橘子	jú zi
ananás (m)	菠萝	bō luó
banana (f)	香蕉	xiāng jiāo
tâmara (f)	海枣	hǎi zǎo
limão (m)	柠檬	níng méng
damasco (m)	杏子	xìng zi
pêssego (m)	桃子	táo zi
kiwi (m)	猕猴桃	mí hóu táo
toranja (f)	葡萄柚	pú tao yòu
baga (f)	浆果	jiāng guǒ
bagas (f pl)	浆果	jiāng guǒ
arando (m) vermelho	越橘	yuè jú
morango-silvestre (m)	草莓	cǎo méi
mirtilo (m)	越橘	yuè jú

145. Flores. Plantas

flor (f)	花	huā
ramo (m) de flores	花束	huā shù

rosa (f)	玫瑰	méi guī
tulipa (f)	郁金香	yù jīn xiāng
cravo (m)	康乃馨	kāng nǎi xīn
gladíolo (m)	唐菖蒲	táng chāng pú
centáurea (f)	矢车菊	shǐ chē jú
campânula (f)	风铃草	fēng líng cǎo
dente-de-leão (m)	蒲公英	pú gōng yīng
camomila (f)	甘菊	gān jú
aloé (m)	芦荟	lúhuì
cato (m)	仙人掌	xiān rén zhǎng
fícus (m)	橡胶树	xiàng jiāo shù
lírio (m)	百合花	bǎi hé huā
gerânio (m)	天竺葵	tiān zhú kuí
jacinto (m)	风信子	fēng xìn zǐ
mimosa (f)	含羞草	hán xiū cǎo
narciso (m)	水仙	shuǐ xiān
capuchinha (f)	旱金莲	hàn jīn lián
orquídea (f)	兰花	lán huā
peónia (f)	芍药	sháo yao
violeta (f)	紫罗兰	zǐ luó lán
amor-perfeito (m)	三色堇	sān sè jǐn
não-me-esqueças (m)	勿忘草	wù wàng cǎo
margarida (f)	雏菊	chú jú
papoula (f)	罂粟	yīng sù
cânhamo (m)	大麻	dà má
hortelã (f)	薄河	bó hé
lírio-do-vale (m)	铃兰	líng lán
campânula-branca (f)	雪花莲	xuě huā lián
urtiga (f)	荨麻	qián má
azeda (f)	酸模	suān mó
nenúfar (m)	睡莲	shuì lián
feto (m), samambaia (f)	蕨	jué
líquen (m)	地衣	dì yī
estufa (f)	温室	wēn shì
relvado (m)	草坪	cǎo píng
canteiro (m) de flores	花坛, 花圃	huā tán, huā pǔ
planta (f)	植物	zhí wù
erva (f)	草	cǎo
folha (f) de erva	叶片	yè piàn
folha (f)	叶子	yè zi
pétala (f)	花瓣	huā bàn
talo (m)	茎	jīng
tubérculo (m)	块茎	kuài jīng
broto, rebento (m)	芽	yá

espinho (m)	刺	cì
florescer (vi)	开花	kāi huā
murchar (vi)	枯萎	kū wěi
cheiro (m)	香味	xiāng wèi
cortar (flores)	切	qiē
colher (uma flor)	采，摘	cǎi, zhāi

146. Cereais, grãos

grão (m)	谷物	gǔ wù
cereais (plantas)	谷类作物	gǔ lèi zuò wù
espiga (f)	穗	suì
trigo (m)	小麦	xiǎo mài
centeio (m)	黑麦	hēi mài
aveia (f)	燕麦	yàn mài
milho-miúdo (m)	粟，小米	sù, xiǎo mǐ
cevada (f)	大麦	dàmài
milho (m)	玉米	yù mǐ
arroz (m)	稻米	dào mǐ
trigo-sarraceno (m)	荞麦	qiáo mài
ervilha (f)	豌豆	wān dòu
feijão (m)	四季豆	sì jì dòu
soja (f)	黄豆	huáng dòu
lentilha (f)	兵豆	bīng dòu
fava (f)	豆子	dòu zi

PAÍSES. NACIONALIDADES

147. Europa Ocidental

Europa (f)	欧洲	oūzhōu
União (f) Europeia	欧盟	oūméng
Áustria (f)	奥地利	aòdìlì
Grã-Bretanha (f)	大不列颠	dàbùlièdiān
Inglaterra (f)	英国	yīngguó
Bélgica (f)	比利时	bǐlìshí
Alemanha (f)	德国	dé guó
Países (m pl) Baixos	荷兰	hélán
Holanda (f)	荷兰	hélán
Grécia (f)	希腊	xīlà
Dinamarca (f)	丹麦	dānmài
Irlanda (f)	爱尔兰	aìěrlán
Islândia (f)	冰岛	bīngdǎo
Espanha (f)	西班牙	xībānyá
Itália (f)	意大利	yìdàlì
Chipre (m)	塞浦路斯	sàipǔlùsī
Malta (f)	马耳他	mǎěrtā
Noruega (f)	挪威	nuówēi
Portugal (m)	葡萄牙	pútáoyá
Finlândia (f)	芬兰	fēnlán
França (f)	法国	fǎguó
Suécia (f)	瑞典	ruìdiǎn
Suíça (f)	瑞士	ruìshì
Escócia (f)	苏格兰	sūgélán
Vaticano (m)	梵蒂冈	fàndìgāng
Liechtenstein (m)	列支敦士登	lièzhīdūnshìdēng
Luxemburgo (m)	卢森堡	lúsēnbǎo
Mónaco (m)	摩纳哥	mónàgē

148. Europa Central e de Leste

Albânia (f)	阿尔巴尼亚	āěrbāníyà
Bulgária (f)	保加利亚	bǎojiālìyà
Hungria (f)	匈牙利	xiōngyálì
Letónia (f)	拉脱维亚	lātuōwéiyà
Lituânia (f)	立陶宛	lìtáowǎn
Polónia (f)	波兰	bōlán

Roménia (f)	罗马尼亚	luómǎníyà
Sérvia (f)	塞尔维亚	sāiěrwéiyà
Eslováquia (f)	斯洛伐克	sīluòfákè

Croácia (f)	克罗地亚	kèluódìyà
República (f) Checa	捷克共和国	jiékè gònghéguó
Estónia (f)	爱沙尼亚	àishāníyà

Bósnia e Herzegovina (f)	波斯尼亚和黑塞哥维那	bōsīníyà hé hēisègēwéinà
Macedónia (f)	马其顿	mǎqídùn
Eslovénia (f)	斯洛文尼亚	sīluòwénníyà
Montenegro (m)	黑山	hēishān

149. Países da ex-URSS

| Azerbaijão (m) | 阿塞拜疆 | āsàibàijiāng |
| Arménia (f) | 亚美尼亚 | yàměiníyà |

Bielorrússia (f)	白俄罗斯	báiéluósī
Geórgia (f)	格鲁吉亚	gélǔjíyà
Cazaquistão (m)	哈萨克斯坦	hāsàkèsītǎn
Quirguistão (m)	吉尔吉斯	jíěrjísī
Moldávia (f)	摩尔多瓦	móěrduōwǎ

| Rússia (f) | 俄罗斯 | éluósī |
| Ucrânia (f) | 乌克兰 | wūkèlán |

Tajiquistão (m)	塔吉克斯坦	tǎjíkèsītǎn
Turquemenistão (m)	土库曼斯坦	tǔkùmànsītǎn
Uzbequistão (f)	乌兹别克斯坦	wūzībiékèsītǎn

150. Asia

Ásia (f)	亚洲	yàzhōu
Vietname (m)	越南	yuènán
Índia (f)	印度	yìndù
Israel (m)	以色列	yǐsèliè

China (f)	中国	zhōngguó
Líbano (m)	黎巴嫩	líbānèn
Mongólia (f)	蒙古	měnggǔ

| Malásia (f) | 马来西亚 | mǎláixīyà |
| Paquistão (m) | 巴基斯坦 | bājīsītǎn |

Arábia (f) Saudita	沙特阿拉伯	shātè ālābó
Tailândia (f)	泰国	tàiguó
Taiwan (m)	台湾	táiwān
Turquia (f)	土耳其	tǔěrqí
Japão (m)	日本	rìběn
Afeganistão (m)	阿富汗	āfùhàn
Bangladesh (m)	孟加拉国	mèngjiālāguó

Indonésia (f)	印度尼西亚	yìndùníxīyà
Jordânia (f)	约旦	yuēdàn
Iraque (m)	伊拉克	yīlākè
Irão (m)	伊朗	yīlǎng
Camboja (f)	柬埔寨	jiǎnpǔzhài
Kuwait (m)	科威特	kēwēitè
Laos (m)	老挝	lǎowō
Myanmar (m), Birmânia (f)	缅甸	miǎndiàn
Nepal (m)	尼泊尔	níbóěr
Emirados Árabes Unidos	阿联酋	ēliánqiú
Síria (f)	叙利亚	xùlìyà
Palestina (f)	巴勒斯坦	bālèsītǎn
Coreia do Sul (f)	韩国	hánguó
Coreia do Norte (f)	北朝鲜	běicháoxiǎn

151. América do Norte

Estados Unidos da América	美国	měiguó
Canadá (m)	加拿大	jiānádà
México (m)	墨西哥	mòxīgē

152. América Central do Sul

Argentina (f)	阿根廷	āgēntíng
Brasil (m)	巴西	bāxī
Colômbia (f)	哥伦比亚	gēlúnbǐyà
Cuba (f)	古巴	gǔbā
Chile (m)	智利	zhìlì
Bolívia (f)	玻利维亚	bōlìwéiyà
Venezuela (f)	委内瑞拉	wěinèiruìlā
Paraguai (m)	巴拉圭	bālāguī
Peru (m)	秘鲁	bìlǔ
Suriname (m)	苏里南	sūlǐnán
Uruguai (m)	乌拉圭	wūlāguī
Equador (m)	厄瓜多尔	èguāduōěr
Bahamas (f pl)	巴哈马群岛	bāhāmǎ qúndǎo
Haiti (m)	海地	hǎidì
República (f) Dominicana	多米尼加共和国	duōmǐníjiāgònghéguó
Panamá (m)	巴拿马	bānámǎ
Jamaica (f)	牙买加	yámǎijiā

153. Africa

Egito (m)	埃及	āijí
Marrocos	摩洛哥	móluògē

Tunísia (f)	突尼斯	tūnísī
Gana (f)	加纳	jiā nà
Zanzibar (m)	桑给巴尔	sānggěibāěr
Quénia (f)	肯尼亚	kěn ní yà
Líbia (f)	利比亚	lìbǐyà
Madagáscar (m)	马达加斯加	mǎdájiāsījiā

Namíbia (f)	纳米比亚	nàmǐbǐyà
Senegal (m)	塞内加尔	sàinèijiāěr
Tanzânia (f)	坦桑尼亚	tǎnsāngníyà
África do Sul (f)	南非	nánfēi

154. Austrália. Oceania

| Austrália (f) | 澳大利亚 | àodàlìyà |
| Nova Zelândia (f) | 新西兰 | xīnxīlán |

| Tasmânia (f) | 塔斯马尼亚 | tǎsīmǎníyà |
| Polinésia Francesa (f) | 法属波利尼西亚 | fǎshǔ bōlìníxīyà |

155. Cidades

Amesterdão	阿姆斯特丹	āmǔsītèdān
Ancara	安卡拉	ānkǎlā
Atenas	雅典	yǎdiǎn

Bagdade	巴格达	bāgédá
Banguecoque	曼谷	màngǔ
Barcelona	巴塞罗那	bāsàiluónà
Beirute	贝鲁特	bèilǔtè
Berlim	柏林	bólín

Bombaim	孟买	mèngmǎi
Bona	波恩	bōēn
Bordéus	波尔多	bōěrduō
Bratislava	布拉蒂斯拉发	bùlādìsīlāfā
Bruxelas	布鲁塞尔	bùlǔsàiěr
Bucareste	布加勒斯特	bùjiālèsītè
Budapeste	布达佩斯	bùdápèisī

Cairo	开罗	kāiluó
Calcutá	加尔各答	jiāěrgèdá
Chicago	芝加哥	zhījiāgē
Cidade do México	墨西哥城	mòxīgēchéng
Copenhaga	哥本哈根	gēběnhāgēn

Dar es Salaam	达累斯萨拉姆	dálèisàlāmǔ
Deli	德里	délǐ
Dubai	迪拜	díbài
Dublin, Dublim	都柏林	dūbólín
Düsseldorf	杜塞尔多夫	dùsàierduōfū
Estocolmo	斯德哥尔摩	sīdégēěrmó

Florença	佛洛伦萨	fóluòlúnsà
Frankfurt	法兰克福	fǎlánkèfú
Genebra	日内瓦	rìnèiwǎ
Haia	海牙	hǎiyá
Hamburgo	汉堡	hàn bǎo
Hanói	河内	hénèi
Havana	哈瓦那	hāwǎnà
Helsínquia	赫尔辛基	hèěrxīnjī
Hiroshima	广岛	guǎngdǎo
Hong Kong	香港	xiānggǎng
Istambul	伊斯坦布尔	yīsītǎnbùěr
Jerusalém	耶路撒冷	yēlùsālěng
Kiev	基辅	jīfǔ
Kuala Lumpur	吉隆坡	jílóngpō
Lisboa	里斯本	lǐsīběn
Londres	伦敦	lúndūn
Los Angeles	洛杉矶	luòshānjī
Lion	里昂	lǐáng
Madrid	马德里	mǎdélǐ
Marselha	马赛	mǎsài
Miami	迈阿密	màiāmì
Montreal	蒙特利尔	méngtèlìěr
Moscovo	莫斯科	mòsīkē
Munique	慕尼黑	mùníhēi
Nairóbi	内罗毕	nèiluóbì
Nápoles	那布勒斯	nàbùlēisī
Nice	尼斯	nísī
Nova York	纽约	niǔyuē
Oslo	奥斯陆	àosīlù
Ottawa	渥太华	wòtàihuá
Paris	巴黎	bālí
Pequim	北京	běijīng
Praga	布拉格	bùlāgé
Rio de Janeiro	里约热内卢	lǐyuērènèilú
Roma	罗马	luómǎ
São Petersburgo	圣彼得堡	shèngbǐdébǎo
Seul	首尔	shǒuěr
Singapura	新加坡	xīnjiāpō
Sydney	悉尼	xīní
Taipé	台北	táiběi
Tóquio	东京	dōngjīng
Toronto	多伦多	duōlúnduō
Varsóvia	华沙	huáshā
Veneza	威尼斯	wēinísī
Viena	维也纳	wéiyěnà
Washington	华盛顿哥伦比亚特区	huáshèngdùn gēlúnbǐyà tèqū
Xangai	上海	shànghǎi

www.ingramcontent.com/pod-product-compliance
Lightning Source LLC
Chambersburg PA
CBHW070604050426
42450CB00011B/2987